BEYOND THE REEF

비욘드 더 리프 스타일 손뜨개 가방

뜨개질하는 즐거움, 들고 다니는 기쁨

비욘드 더 리프 지음 | 김한나 옮김 | 정혜진 감수

CONTENTS

№.1	Colorido / 콜로리도 ⇒ 06
№.2	Cruce / 크루세 ⇒ 08
№.3	Stras / 스트라스 ⇒ 10
№.4	Papcorn / 팝콘 ⇒ 12
№.5, 6	Lala, Chaine / 라라, 셰네 ⇒ 14
№.7	Mobiele / 모비엘레 ⇒ 16
№.8, 9	Stella, Stella Petit / 스텔라, 스텔라 프티 ⇒ 18
№.10	Slin / 슬린 ⇒ 20
№.11	Sirena / 시레나 ⇒ 22
№.12	New Frame / 뉴 프레임 ⇒ 24
№.13	Collon / 콜론 ⇒ 26
№.14, 15	Filligra, Filligra Petit / 필리그라, 필리그라 프티 ⇒ 28
№.16, 17	Diamond, Bloom / 다이아몬드, 블룸 ⇒ 30
№.18	Atsuko's Blanket / 아쓰코 블랭킷 ⇒ 31
№.19	Trico / 트리코 ⇒ 32
№.20	Herve / 에르베 ⇒ 34
№.21	Pin / 핀 ⇒ 36
№.22	Smoa / 스모아 ⇒ 38
№.23	Hante / 앙테 ⇒ 40
№.24	Bateau / 바토 ⇒ 41

Point Lesson / 포인트 레슨 ⇒ 42
About Yarn / 실에 대하여 ⇒ 48
How to Make / 뜨는 방법, 만드는 방법 ⇒ 49
Basic Technique Guide / 뜨개의 기초 ⇒ 98

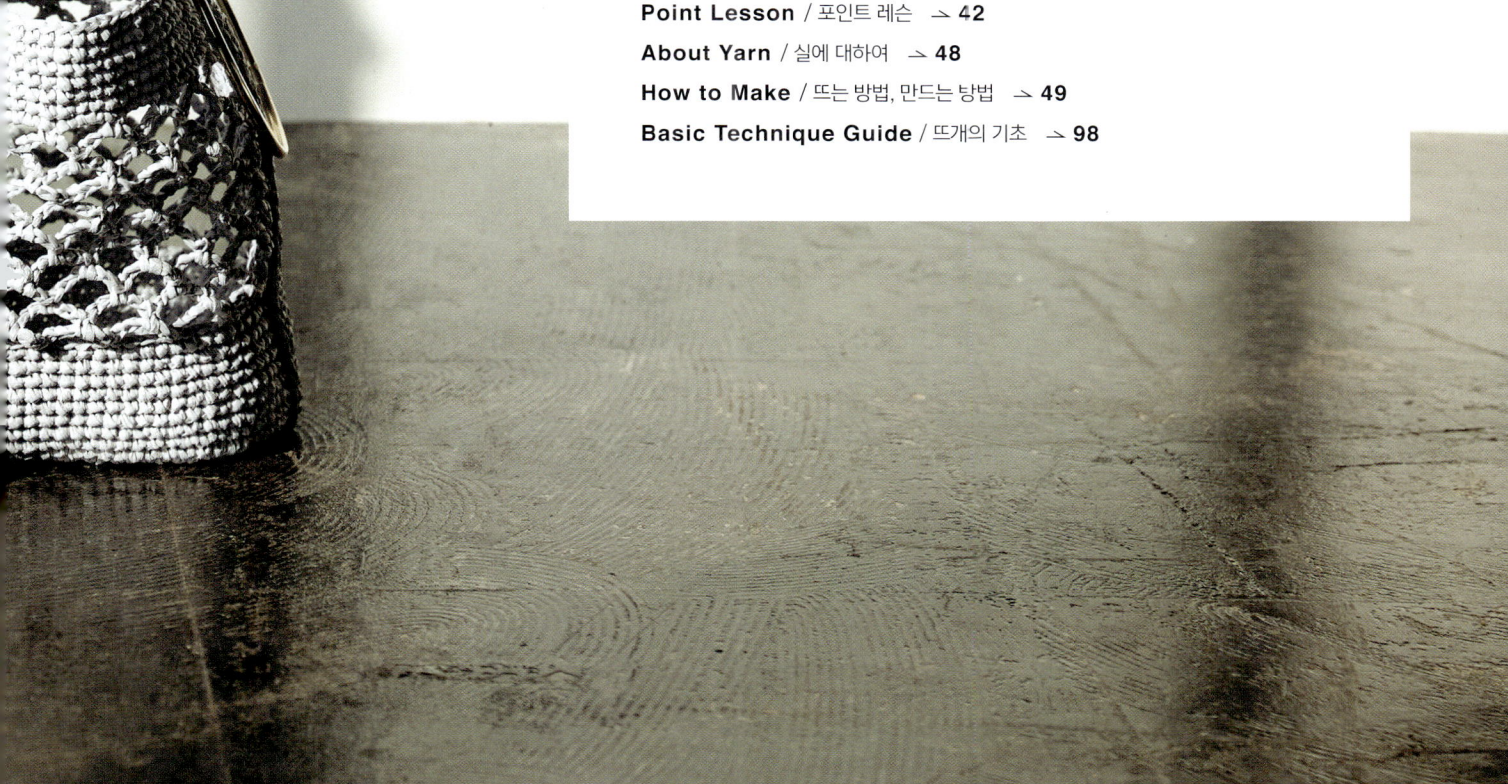

MESSAGE

안녕하세요, 비욘드 더 리프BEYOND THE REEF입니다.

저희의 첫 번째 책 《비욘드 더 리프 스타일》을 발매한 이후
정말로 많은 분들이 작품을 직접 만들어주셨습니다.
매우 기쁘고 감사합니다.

비욘드 더 리프는 손뜨개의 따뜻한 느낌은 그대로 살리면서도
트렌드에 맞는 디자인으로 변형해 뜨개의 매력을 끊임없이 전하고 있습니다.

이번에도 그런 마음을 담아서 '뜨개질하는 즐거움, 들고 다니는 기쁨'을 주제로
다채로운 작품들을 소개합니다.
뜨개질하는 동안 즐거운 것은 물론, 다 뜨고 나서
'실제로 들고 다니고 싶다!' '요즘 유행하는 패션에 매치하고 싶다!'
이렇게 생각한다면 더욱 기쁠 것입니다.

뜨는 방법은 어떤 작품이나 매우 단순하지만 '직선으로 뜨기'를 유의하고
누군가를 위해서, 또는 자신을 위해서 뜨개질하는
마음 풍요로운 시간을 즐기기 바랍니다.

№.1 Colorido
|
see : p.50

yarn : 메르헨아트 마닐라헴프사

making : 쓰마카와 가나

콜로리도 / 컬러풀한 프린지가 인상적인 토트 포셰트는 실 2가닥으로 링뜨기의 고리를 아름답게 떠서 올라가는 것이 포인트입니다. 작품은 고리를 잘라서 프린지로 만들었지만 고리를 그대로 사용해도 멋지니 취향에 따라 응용해보세요. 뜨는 동안 프린지가 쭈글쭈글해져드 마무리 단계에서 스팀다리미를 사용하면 다시 팽팽하게 펴집니다.

№.2 Cruce
|
see : p.52

yarn : 다루마 사사와시

making : 아베 미나코

크루세 / 서로 다른 패턴 두 가지를 조합한 토트백. 짧은뜨기를 왕복해 뜬 삼각형 주머니와 마름모형으로 뜬 그물무늬 뜨개바탕을 나중에 꿰매 이어서 완성합니다. 이때 반드시 다림질해서 모양을 잡고 뜨개바탕 2장의 좌우 높이와 균형을 살펴가며 꿰매 붙이세요. 대나무 손잡이와 금색 부자재가 훨씬 세련된 느낌으로 완성해 줍니다.

№.3 Stras

see : p.55

yarn : 다루마 사사와시 플랫

making : 아베 미나코

스트라스 / 이랑뜨기가 돋보이는 단순한 디자인의 포셰트. 뜨개바탕의 방향을 바꾸면 똑같은 뜨개바탕이라도 인상이 달라집니다. 왕복뜨기의 양쪽 가장자리는 실이 느슨해지기 쉬운데 양끝의 1~2코를 빡빡하게 뜨면 아름다운 직사각형으로 완성됩니다. 마지막의 가장자리뜨기를 하기 전에 다림질해서 모양을 확실히 잡는 것을 추천합니다. 마지막에 이니셜 핀으로 장식해서 가장 좋아하는 가방으로 만들어보세요.

№.4 **Papcorn**

see : p.58

yarn : 다루마 사사와시

making : 구보 아케미

팝콘 / 버킷백과 구슬뜨기 바스켓의 2층 구조로 이루어져, 겹쳐 쓸 수도 있고 각각 단품으로 사용할 수도 있는 디자인입니다. 바깥쪽의 구슬뜨기 바스켓은 실 2가닥으로 튼튼하게 뜨고 뜨개용 가죽 바닥판을 사용하여 안정감을 중시했습니다. 안쪽의 버킷백은 섬세한 짧은뜨기를 바깥쪽과 똑같은 색 실 1가닥으로 재현했습니다. 바스켓과 버킷백을 각각 다른 색으로 떠서 조합해도 멋질 거예요.

№.5, 6 Lala, Chaine

see : **p.66**

yarn : 퍼피 리피, 하마나카 워시코튼

making : 아베 미나코

라라, 셰네 / 이 책의 표지에도 실린 '라라'는 치밀한 짧은뜨기만으로 이루어졌습니다. 눈으로 보는 것보다 훨씬 튼튼하게 완성됩니다. 먼저 버킷백 본체를 뜨는데, 뜨개바탕의 폭이 일정해지도록 주의해서 뜨세요. 디자인 포인트인 프릴은 충분히 뜬 뜨개바탕을 확 줄여서 만들어 양쪽에 붙입니다. 라라를 응용한 '셰네'는 프릴 색상을 바꿔서 하나만 중심에 붙입니다. 프릴의 색상이나 다는 위치를 달리해서 자유롭게 즐겨보세요.

№.7 **Mobiele**

see : **p.68**

yarn : 메르헨아트 마닐라헴프사

making : 가타타니 유미

모비엘레 / 편리한 스마트폰 포셰트 전면에 프릴을 배열한 듯한 크로커다일스티치가 돋보입니다. 이 부분을 확실히 빡빡하게 뜨는 것이 가장 중요한 요령이에요! 그렇게 하면 예쁜 프릴무늬로 완성됩니다. 또한 프릴로 보이는 한길긴뜨기 연결 부분은 뜨개바탕을 돌려가며 뜨면 쉽게 만들 수 있습니다. 원하는 크기와 색상으로 꼭 한번 떠보세요. 장식단추를 좋아하는 위치에 달면 포인트가 됩니다.

№.8, 9 Stella, Stella Petit

see : **p.61**（Stella）, **p.64**（Stella Petit）

yarn : 하마나카 에코안다리아

making : 앤드루 다마에

스텔라, 스텔라 프티 / '별'을 뜻하는 '스텔라'라는 이름대로, 보기만 해도 웃음이 절로 나는 별 모양 바닥의 반짝반짝 빛나는 버킷백. 실을 자르지 않고 뜰 수 있는 별 모양은 비욘드 더 리프의 오리지널 패턴입니다. 뜨는 도중에는 쭈글쭈글해지지만 다 뜬 후에 스팀다리미로 다림질하면 아름다운 별 모양이 드러납니다. 크기가 두 가지라서 엄마와 딸이 함께 들어도 귀여워요.

№.10 Slin

see : **p.70**

yarn : 퍼피 리피, 메르헨아트 마닐라헴프사 스테인

making : 가미우메자와 히로코

슬린 / 예전에 뜨개 전문 잡지 《게이토다마毛糸だま》에서도 소개한 이 가방은 비욘드 더 리프의 대표작 중 하나입니다. 짧은뜨기가 한쪽으로 기울지 않게 직선으로 곧게 뜨고 두 겹의 바닥 사이에 바닥판을 끼워 넣어서 튼튼하게 완성합니다. 포켓과 연결된 커다란 덮개는 뜨개 시작부터 끝까지 일정한 손놀림으로 뜨지 않으면 본체에 달았을 때 일그러지기 쉬우니 주의하세요. 뜨개 스트랩, 골드 체인, 대나무로 된 세 가지 손잡이는 기분에 따라 구분해서 사용할 수 있으며 디자인 포인트가 되기도 합니다.

№.11 Sirena

see : **p.72**

yarn : 하마나카 에코안다리아

making : 구보 아케미, 쓰마카와 가나

시레나 / 앞서 출간된 《비욘드 더 리프 스타일》에 수록된 '베르시Bersih'를 응용해서 완전히 다른 디자인을 선보입니다. 손잡이 다는 위치를 연구해서 입체적인 삼각형으로 변형했습니다. 타원형 가죽 바닥판에서 짧은뜨기를 곧게 뜨는 것이 포인트예요. 그물무늬뜨기 부분은 느슨해지지 않게 주의하세요. 마지막에 스팀다리미로 다림질하면 모양이 예쁘게 잡힙니다.

№.12 New Frame

see : p.74

yarn : 퍼피 리피

making : 사토 마리코, 아베 미나코

뉴 프레임 / 비욘드 더 리프를 대표하는 작품 중 하나인 '뉴 프레임'은 발매한 이후 변함없는 인기를 얻고 있습니다. 부피가 큰 물건도 수납할 수 있는 클러치백으로, 세련되게 들고 다닐 수 있는 것이 장점입니다. 이 무늬는 왼쪽으로 치우치기 쉬우니 항상 주의해가며 뜨세요. 튼튼한 알루미늄 프레임이 디자인 포인트를 겸한 손잡이가 되었습니다.

No.13 Collon

see : p.76

yarn : 퍼피 리피

making : 미야가와 마사코, 요시다 미에

콜론 / 마카롱 같기도 하고 조개껍질을 닮은 것도 같은 모양의 구슬뜨기로 만든 '콜론' 포셰트. 귀여운 형태를 살려서 액세서리처럼 사용할 수 있는 작품입니다. 만드는 사람의 손놀림에 따라 크기와 형태가 달라지기 쉽지만 동글동글한 밥그릇 모양이든 부드럽고 평평한 홍태든 다 귀여워요. 뜨개바탕 두 장의 크기와 모양을 맞춰서 뜨세요.

№.14, 15 Filligra, Filligra Petit
|
see : p.77

yarn : 메르헨아트 마닐라헴프사

making : 아베 미나코

필리그라, 필리그라 프티 / 앞면은 다이아몬드무늬, 뒷면은 단순한 짧은뜨기를 조합했습니다. 앞뒤를 일부러 다른 색으로 뜨면 다이아몬드무늬가 한층 두드러집니다. 아일렛을 달아놓아서 손잡이를 여러 가지로 응용해서 연출할 수 있습니다. 손잡이 길이를 조절하는 것은 물론, 단순하게 납작한 가방으로 사용할 수 있을 뿐 아니라 가죽끈을 끼우는 방법을 바꿔서 입체적인 형태를 즐길 수도 있어요.

№.16, 17 Diamond, Bloom

see : p.83

yarn : 스키얀 셰리 순모극태사

making : 고바야시 후미, 미우라 아쓰코

다이아몬드, 블룸 / 두 가지 쿠션커버는 비욘드 더 리프의 원조 클러치백 무늬를 쿠션커버로 다시 디자인한 작품입니다. 둘 다 대바늘 특유의 입체적인 뜨개코가 멋져요. 왼쪽의 '다이아몬드'는 다이아몬드가 늘어선 듯한 벌집무늬가 교차하는 부분이 느슨해지지 않게 실을 당기는 느낌으로 뜨면 입체적인 무늬가 나타납니다. 오른쪽의 '블룸'은 교차뜨기와 가터뜨기를 충분히 즐겨보세요.

№.18 Atsuko's Blanket
|
see : p.86

yarn : 스키얀 셰리 순모극태사

making : 미우라 아쓰코

아쓰코 블랭킷 / 비욘드 더 리프의 손뜨개 작가인 미우라 아쓰코 씨가 제안한 무늬의 블랭킷입니다. 규칙적인 무늬뜨기지만 뜨는 동안 계속 무늬가 나타나므로 즐겁게 뜰 수 있을 거예요. 심플하지만 감촉이 매력적이라서 오랫동안 사랑받는 아이템이 될 것입니다.

№.19 Trico

see : **p.88**

yarn : 퍼피 리피, 하마나카 루포

making : 이시이 나나

트리코 / 무늬뜨기로 뜬 본체에 털이 보송보송한 실로 뜬 부분을 연결하면 가을과 겨울에도 사용할 수 있는 퍼가 달린 가방으로 변신합니다. 화려한 느낌도 더해져요. 이 무늬는 왼쪽으로 치우치기 쉬우므로 최대한 오른쪽으로 끌어당기듯이 뜨는 것이 요령입니다. 또한 긴뜨기의 높이가 너무 드러나지 않도록 빡빡하게 뜨면 아름답게 완성됩니다.

№.20 Herve
|
see : **p.80**

yarn : 퍼피 리피

making : 구보 아케미

에르베 / 지퍼가 달린 원핸들 백은 전형적이지 않은 신기하고 통통한 형태가 사랑스럽습니다. 옆면은 각 단마다 두 군데에서 코를 늘리는데, 이 코늘림이 균형 잡힌 부채 모양으로 뜨기 위한 포인트입니다. 또 디자인 포인트인 한가운데의 걸어뜨기 라인은 뜨개바탕이 일그러지지 않게 일직선으로 뜨도록 하는 가이드라인이 되기도 합니다.

№.21 **Pin**

see : **p.90**

yarn : 다루마 사사와시 플랫

making : 아베 미나코

핀 / 비욘드 더 리프에서 오랫동안 사랑받고 있는 진짜 같은 솔잎뜨기로 만든 심플한 버킷백. 가득한 솔잎뜨기와 물방울무늬처럼 뚫린 부채꼴 구멍이 가벼운 리듬을 연주합니다. 매끈한 가죽 스트랩을 투박하게 묶어서 자연스러운 질감을 즐겨보세요.

№.22 Smoa

see : p.92

yarn : 하마나카 엠퍼러

making : 앤드루 다마에

스모아 / 동글동글 입체적인 형태가 정말로 사랑스러운 '스모아'는 프레임이 크게 벌어지므로 카드 케이스나 열쇠 등을 넣어서 액세서리처럼 들고 다닐 수 있는 미니 포셰트입니다. 네모난 바닥의 모서리마다 3코늘려뜨기해서 코가 늘어나는 것을 의식해가며 폭신폭신한 느낌으로 뜨세요. 뜨개바탕 안쪽을 겉쪽으로 사용하기 때문에 안쪽을 신경 써서 뜨면 좋아요.

№.23 **Hante**

see : **p.94**

yarn : 다루마 멜란지 슬러브

making : 요시다 미에

앙테 / 복슬복슬한 쿠키몬스터를 연상하게 하는 매력적인 가방은 링뜨기를 충분히 많이 떠서 만듭니다. 링뜨기는 느슨해지기 쉬우므로 꽉 조여가며 떠보세요. 움직이는 인형눈 스티커와 커다란 투명 링을 합쳐서 장난기를 듬뿍 담았습니다.

№.24 **Bateau**

see : **p.96**

yarn : 다루마 루프, 퍼피 리피

making : 가미우메자와 히로코

바토 / 배 모양의 포셰트는 작아 보여도 많은 양을 담을 수 있습니다! 여름용과 겨울용 실을 겹쳐 떠서 독특한 모습과 강도로 표현했습니다. 바닥면의 크기를 딱 맞춰서 뜨는 것이 요령이에요. 또한 도톰하고 복슬복슬해서 귀여운 털실 루프실이 겉쪽으로 나오게 조금 끌어내가며 뜨면 폭신폭신한 느낌으로 완성됩니다.

Point Lesson

아일렛 다는 방법

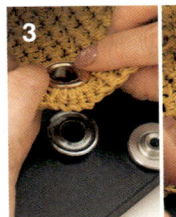

1. 왼쪽부터 아일렛(앞면, 뒷면), 몰드(받침쇠, 누름쇠), 타구, 고무판, 나무망치.

2. 다리가 달린 아일렛(앞면)을 겉쪽에서 끼우고 뒷면을 덮습니다.

3. 고무판을 깔고 몰드(받침쇠) 위에 세팅해서 누름쇠를 안쪽에 올려서 끼웁니다.

4. 타구를 똑바로 대고 나무망치로 칩니다. 비뚤어지지 않도록 단단히 치세요.

자석단추 다는 방법

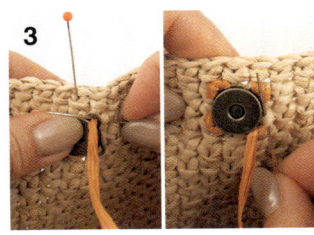

1. 돗바늘에 실(실제로는 작품에 사용한 실을 사용한다)을 꿰어 뜨개바탕 안쪽의 단추 다는 위치에 실을 통과시키고 같은 곳에 다시 한번 실을 감아서 실끝을 고정합니다. (시침핀은 단추 다는 위치를 표시한다)

2. 실끝을 고정하고 나서 자석단추를 꿰매 답니다. 뜨개바탕은 안쪽의 실만 떠서 겉쪽에 표시가 나지 않도록 꿰매세요.

3. 단춧구멍을 한 군데씩 꿰매 고정합니다.

4. 튼튼하게 꿰매 고정하고 나면 단추 안쪽의 뜨개바탕에 바늘을 여러 번 통과시킨 뒤 실을 잘라냅니다.

지갑형 프레임 다는 방법

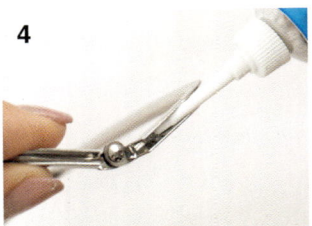

1. 위쪽 왼쪽부터 프레임, 본체. 아래쪽 왼쪽부터 고무판, 실리콘이 달린 펜치, 나무망치, 소잉 클립, 접착제.

2. 본체 입구와 프레임을 맞춥니다. 기둥코 위치를 리벳(옆쪽의 나사 부분)에 맞춰서 균형을 확인합니다.

3. 본체를 프레임의 홈에 밀어 넣고 크기가 맞는지 확인하기 위해서 클립을 끼워 임시로 고정합니다.

4. 일단 본체를 떼어내고 프레임의 홈 안에 접착제를 넣습니다. 리벳 끝에서 2mm 정도 떨어뜨려서 접착제를 듬뿍 바릅니다.

5. 다시 한번 본체를 임시로 고정했을 때처럼 맞춥니다. 먼저 기둥코 위치와 프레임 옆쪽을 맞춥니다.

6. 곡선 부분, 중심 순서로 뜨개바탕을 움직여가며 맞춥니다.

7. 클립으로 고정해가며 맞춥니다.

8. 전체적으로 균형 있게 뜨개바탕을 홈에 끼워 넣은 모습.

9
리벳의 접착제를 바르지 않은 부분에 접착제를 발라서 본체에 확실히 끼워 넣습니다. 접착제가 다 마를 때까지 1시간 이상 그대로 둡니다.

10
프레임의 홈을 나무망치로 쳐서 고정합니다. 고무판 위에 올려놓고 바닥 쪽에서 프레임의 위치를 확인해가며 모서리를 뭉개지 않게 나무망치로 칩니다.

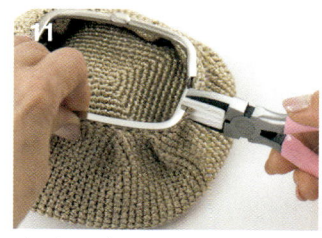

11
나무망치로 칠 수 없는 리벳이나 프레임의 잠금쇠 주위는 펜치로 눌러서 고정합니다.

12
프레임을 튼튼하게 부착하면 완성입니다.

프릴 리본 주름 잡는 방법

* 실은 매끄러운 면사를 사용한다

1
지정한 위치에 매듭을 지어 실을 단단히 연결합니다.

2
약 1.5cm(4~5코) 간격으로 홈질합니다.

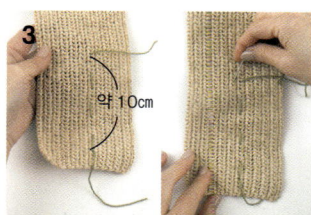

3
약 10cm를 홈질하면 되돌아옵니다.

4
2단 분량만큼 왼쪽으로 이동하여 같은 방법으로 홈질하고 실을 연결한 위치로 되돌아옵니다.

5
실을 당겨서 주름을 잡습니다.

6
10cm 홈질한 위치까지 뜨개바탕 안에 실을 통과시킵니다.

7
2~6을 반복해서 홈질하고 주름을 잡습니다.

8
조금씩 주름을 잡아가며 프릴 리본을 만듭니다.

바닥판을 끼우는 방법

1
바닥 2장은 다 뜨고 나면 다림질해서 확실히 모양을 잡습니다. 안쪽끼리 마주 보게 겹쳐서 바닥판을 사이에 끼워 넣습니다.

2
바닥 2장의 마지막 단 코에 바늘을 넣고 옆면의 짧은뜨기 1단을 뜹니다.

3
2장을 합쳐서 중간까지 뜨면 바닥판을 넣어서 뜹니다.

4
바깥쪽과 안쪽이 바뀌지 않게 주의하고 그 상태로 옆면을 이어서 뜹니다.

Point Lesson

프레임 다는 방법과 리본 감는 방법

● 프레임(알루미늄 스프링 프레임) 다는 방법

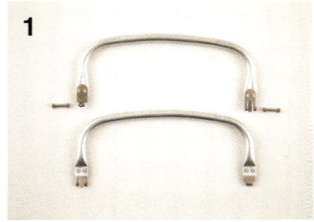

1. 알루미늄 파이프를 빗 형태로 구부린 듯한 모양의 프레임. 나사를 풀어서 두 개로 분리합니다.

2. 프레임을 끼울 부분을 다 뜨고 나면 일단 바늘을 빼고 1단의 안쪽 매듭에 바늘을 넣어 끝부분의 실 고리를 빼냅니다. (알아보기 쉽게 실의 색을 바꿨다)

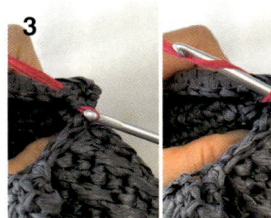

3. 실 고리를 빼낸 뒤 바늘에 실을 걸어서 빼냅니다.

4. 프레임을 끼울 부분을 반으로 접고 다음 코를 동시에 주워서 실을 걸어 빼내어 빼뜨기로 잇습니다.

5. 똑같은 요령으로 1코씩 이어나갑니다.

6. 손잡이 부분은 손잡이의 코만 주워서 사슬코끼리 잇습니다.

7. 똑같은 요령으로 1코씩 이어나갑니다.

8. 프레임을 먼저 끼워서 감싸 떠도 좋습니다. (끼울 때는 프레임 가장자리를 마스킹테이프 등을 붙여서 보호하면 좋다)

9. 다른 한쪽도 똑같은 방법으로 프레임을 끼울 부분을 만들고 금속 부자재를 끼운 뒤 가장자리를 맞춥니다.

10. 나사를 끼워서 금속 부자재를 고정합니다.

11. 금속 부자재를 단 모습.

● 리본 감는 방법

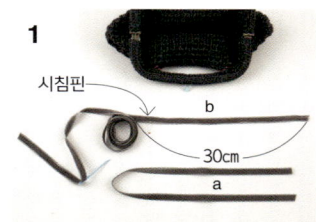

1. 리본은 a/70cm와 b/180cm로 자른 뒤, 리본b의 끝에서 30cm 떨어진 곳에 시침핀을 꽂아 표시해놓습니다.

2. 먼저 리본a를 프레임을 따라 통과시킵니다. 돗바늘에 리본을 꿰고 중심에서 왼쪽 절반까지 통과시킵니다. 한 번에 통과시킬 수 없는 경우에는 중간에서 한 번 빼고,

3. 같은 자리에 바늘을 넣어서 짧은뜨기의 코머리로 뺍니다.

4. 리본 끝을 25cm 정도 남겨놓습니다.

5. 1코 분량만큼 사이를 두고 오른쪽도 같은 방법으로 리본을 통과시킵니다.

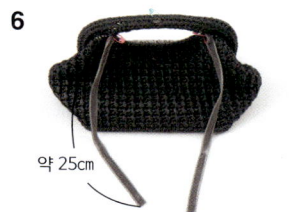

6 약 25cm

리본이 꼬이지 않게 주의해가며 통과시킵니다.

7 긴 쪽의 리본을 프레임에 감아나갑니다. 가운데 쪽에서 시작코의 사슬 코머리와 빼뜨기한 코의 머리에 돗바늘을 넣고,

8 시침핀을 꽂은 위치까지 빼냅니다.

9 한 번 감고 다시 한 번 똑같은 자리에 똑같은 방향으로 바늘을 넣습니다.

10 리본이 꼬이지 않게 주의해가며 감습니다(시침핀을 뺀다).

11 다음에는 옆 코에 똑같은 방향에서 바늘을 넣고 리본을 한 번 감습니다.

12 1코씩 꽉 조여가며 리본이 꼬이지 않게 꼼꼼하게 펴서 감으세요.

13 다음은 1코를 건너뛴 코에 바늘을 넣어서 리본을 감습니다.

14 만드는 방법(74쪽)의 그림을 참조해서 코를 건너뛰어가며 리본을 감아나갑니다.

15 마지막은 리본을 두 번 감는데, 두 번째는 본체 마지막 단의 짧은뜨기 아랫부분으로 바늘을 빼고 바깥쪽으로 리본을 뺍니다.

16 감기 시작한 부분의 리본도 끝부분과 같은 방법으로 마지막 단의 짧은뜨기 아랫부분에서 바깥쪽으로 뺍니다.

17 리본a, b 모두 바깥쪽으로 뺀 모습. 리본끼리 한 번 묶습니다.

18 리본a로 고리를 만들고

19 리본b의 아래쪽을 통과시켜서 고리 안에 넣습니다.

20 리본이 꼬이지 않게 주의해가며 고리를 꽉 조입니다.

21 리본을 다 감은 모습.

Point Lesson

● 스마트폰 포셰트의 무늬뜨기를 뜨는 방법(크로커다일 스티치)

*뜨개 기호 도안 68쪽 참조

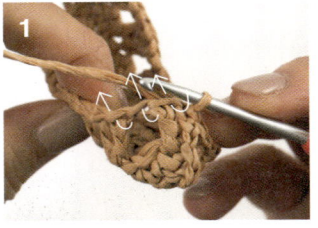
2단을 뜨고 나면 기둥코 사슬의 세 번째 코로 빼냅니다. 그 상태로 화살표 위치에 빼뜨기합니다.

3코를 빼뜨기한 모습입니다.

사슬 3코로 기둥코를 만듭니다.

실을 바늘에 걸고 화살표 방향으로 2단의 한길긴뜨기 전체 코를 주워서 바늘을 넣고,

한길긴뜨기를 뜹니다.

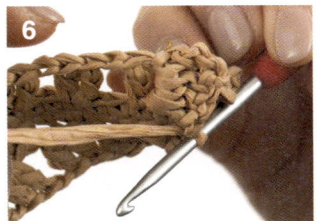
도안을 참조해서 2코를 한길긴뜨기로 뜨고 나면 뜨개바탕을 바꿔 잡습니다.

실을 걸어서 화살표 방향으로 2단의 한길긴뜨기 전체 코를 주워서,

한길긴뜨기를 뜹니다.

3단의 무늬 1개가 완성되었습니다.

계속해서 2단의 무늬 1개를 건너뛰고 화살표 방향으로 바늘을 넣어서 한길긴뜨기를 뜹니다.

2단의 무늬 1개 사이마다 3단의 무늬를 떠서 연결합니다.

도안을 참조하여 기둥코 위치에 주의해가며 뜹니다.

● 짧은링뜨기를 뜨는 방법(기둥코 위치를 예쁘게 뜨는 방법)

짧은뜨기 단이 끝나면 짧은링뜨기를 뜹니다. 링은 뜨개바탕 뒤쪽으로 나오므로 안쪽을 보며 뜹니다.

기둥코 사슬 1코를 뜨고 나면 안쪽으로 뒤집습니다.

뜨던 실 위에 손가락 2개를 올려놓고 아래쪽으로 내립니다.

첫 번째 코에 바늘을 넣고 손가락 위에서 화살표 방향으로 실을 걸어 빼냅니다.

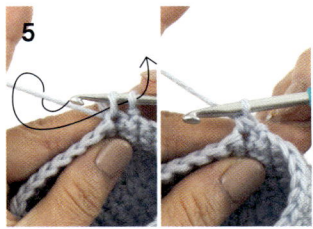
5 다시 실을 걸어서 빼냅니다. 짧은링뜨기 1코가 완성되었습니다.

6 링은 뒤쪽(작품의 겉쪽)으로 나옵니다.

7 짧은링뜨기를 다 뜨고 나면 시작부분의 첫 코에 빼뜨기합니다.

8 빼뜨기 코를 알아보기 쉽게 단코표시링을 달아놓습니다.

9 짧은링뜨기의 다음 단은 겉쪽으로 뒤집어서 짧은뜨기로 뜹니다. 기둥코 사슬 1코를 뜨면 겉쪽으로 뒤집어서 단코표시링을 단 빼뜨기 코에도 짧은뜨기를 뜹니다.

10 단코표시링 위치에 바늘을 넣고 짧은뜨기를 뜹니다.

11 끝부분은 마지막 코를 건너뛰고 화살표 방향으로 빼뜨기합니다.

12 기둥코 위치가 어긋나서 링이 갈라지지 않도록 겹쳐나갑니다.

● 지퍼 다는 방법

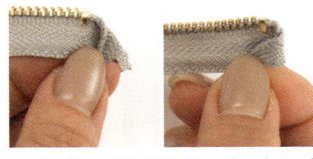
1 지퍼의 끝부분을 안쪽으로 45도씩 두 번 접어 꿰매서 고정합니다.

2 다 꿰맨 모습. (실제로는 눈에 띄지 않는 색상의 실을 사용한다) 다른 한쪽도 똑같은 방법으로 꿰매서 고정해놓습니다.

3 지퍼를 입구 가장자리에 맞춰서 임시로 고정합니다. 소잉 클립을 사용하면 편리합니다.

4 지퍼 아래쪽의 끝부분부터 꿰매나갑니다. 안쪽에서 바늘을 넣어 입구의 짧은뜨기 코머리 아래로 바늘을 빼냅니다.

5 눈에 띄지 않도록 바늘땀을 작게 잡아 박음질해서 고정합니다.

6 안쪽에서 본 모습. 조금씩 신중하게 꿰매서 고정합니다.

7 다른 한쪽도 지퍼 아래쪽의 끝부분부터 박음질해서 고정합니다.

8 지퍼가 달린 모습.

About Yarn

실에 대하여 이 책의 작품에 사용한 실의 종류입니다. (사진은 실물 크기)

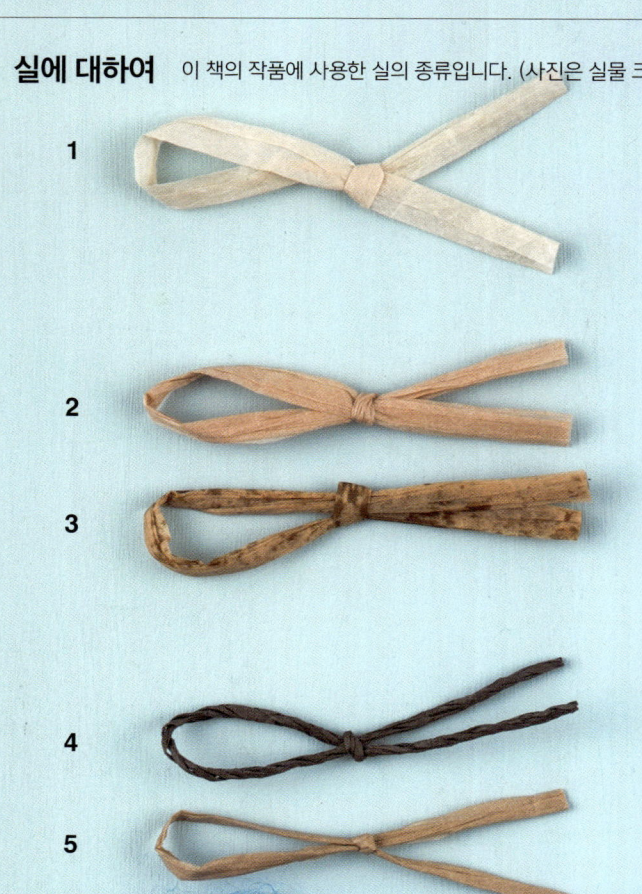

1 퍼피PUPPY 리피Leafy
분류 외 섬유(종이) 100%
40g 1볼 170m

2 메르헨아트MARCHEN ART
마닐라헴프사Manila hemp yarn
식물섬유(마닐라삼) 100%
약 20g 1볼 약 50m

3 메르헨아트MARCHEN ART
마닐라헴프사 스테인Manila hemp yarn ~stain~
식물섬유(마닐라삼) 100%
약 20g 1볼 약 50m

4 다루마DARUMA
사사와시 Sasawashi
분류 외 섬유(조릿대 화지) 100%
(발수 가공) 25g 1볼 48m

5 다루마DARUMA
사사와시 플랫Sasawashi Flat
분류 외 섬유(조릿대 화지) 100%
(발수 가공) 25g 1볼 78m

6 다루마DARUMA
멜란지 슬러브Melange Slub
울 100%
40g 1볼 46m

7 다루마DARUMA 루프Loop
울 83%・알파카(베이비 알파카) 17%
30g 1볼 43m

8 하마나카HAMANAKA
에코안다리아 Eco andaria
레이온 100%
40g 1볼 약 80m

9 하마나카HAMANAKA
워시코튼Wash Cotton
면 64%・폴리에스테르 36%
40g 1볼 약 102m

10 하마나카HAMANAKA
엠퍼러Emperor
레이온 100%(슬릿사 사용)
25g 1볼 약 170m

11 하마나카HAMANAKA 루포Lupo
레이온 65%・폴리에스테르 35%
40g 1볼 약 38m

12 스키얀SKI YARN 셸리Shelly
순모극태사
울 100%
약 30g 1볼 약 37m

* 실에 관한 문의처는 104쪽을 참조하세요.
* 실에 관한 정보는 2021년 6월 1일 기준입니다. 실은 예고 없이 변경, 단종될 수 있으니 양해 바랍니다.

HOW TO MAKE
뜨는 방법, 만드는 방법

* 뜨개의 기초는 98쪽에서 소개하는 테크닉 가이드를 참조하세요.
* 그림 속 숫자의 단위는 ㎝입니다.
* 실의 사용량은 뜨는 사람의 손놀림에 따라 크게 달라질 수 있습니다. 염려될 경우에는 실을 넉넉하게 준비하는 것을 추천합니다.
* 작품 치수는 뜨는 사람의 손놀림에 따라 달라집니다. 치수대로 완성하고 싶은 경우에는 표시해놓은 게이지에 맞춰서 바늘 호수를 바꿔 조정하세요. (완성된 뜨개바탕이 작을 경우에는 바늘 호수를 높이고 뜨개바탕이 클 경우에는 바늘 호수를 낮춥니다)
* 사용된 실, 색상은 예고 없이 단종될 수 있으니 양해 바랍니다.

№.1 Colorido
see : p.06

콜로리도

재료와 도구

a / 메르헨아트 마닐라헴프사 스트로(507) 150g, 피스타치오(531) 40g

b / 메르헨아트 마닐라헴프사 스트로(507) 150g, 튀르쿠아즈(530) 40g

c / 메르헨아트 마닐라헴프사 스트로(507) 150g, 달리아(529) 40g

〈공통〉 D링(20mm, 골드) 2개, 코바늘 7/0호

완성 치수 폭 12cm 높이 25cm(손잡이 미포함)

게이지 10cm×10cm 짧은뜨기 14.5코×14.5단

뜨는 방법 포인트
실은 전부 2가닥으로 뜬다.

- 바닥은 원형뜨기 시작코로 뜨기 시작해서 도안을 참조하여 콧수를 늘려가며 짧은뜨기로 8단을 뜬다(바닥 뜨는 방법 참조).
- 옆면은 바닥에서 이어서 짧은뜨기 3단, 무늬뜨기 17단, 짧은뜨기 16단을 뜬다.
- 손잡이는 사슬 4코로 시작코를 만들고 도안을 참조해서 짧은뜨기로 34단을 뜬다. 그림을 참조하여 양끝을 남기고 감침질한다.
- 손잡이와 D링은 옆면의 지정한 위치에 연결한다.
- 끈은 스레드코드로 뜨고 양끝을 D링에 각각 묶는다.

배색표	a	b	c
바닥, 옆면(짧은뜨기), 손잡이, 끈	스트로 2가닥	스트로 2가닥	스트로 2가닥
옆면(무늬뜨기)	스트로와 피스타치오 2가닥	스트로와 튀르쿠아즈 2가닥	스트로와 달리아 2가닥

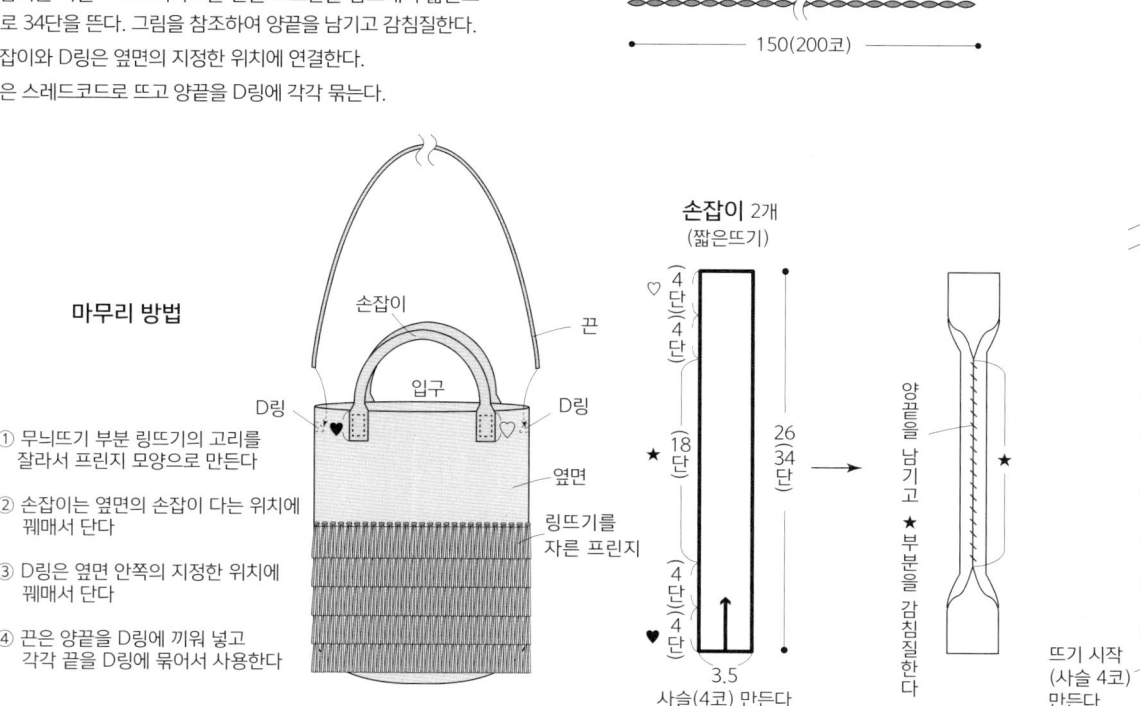

마무리 방법

① 무늬뜨기 부분 링뜨기의 고리를 잘라서 프린지 모양으로 만든다

② 손잡이는 옆면의 손잡이 다는 위치에 꿰매서 단다

③ D링은 옆면 안쪽의 지정한 위치에 꿰매서 단다

④ 끈은 양끝을 D링에 끼워 넣고 각각 끝을 D링에 묶어서 사용한다

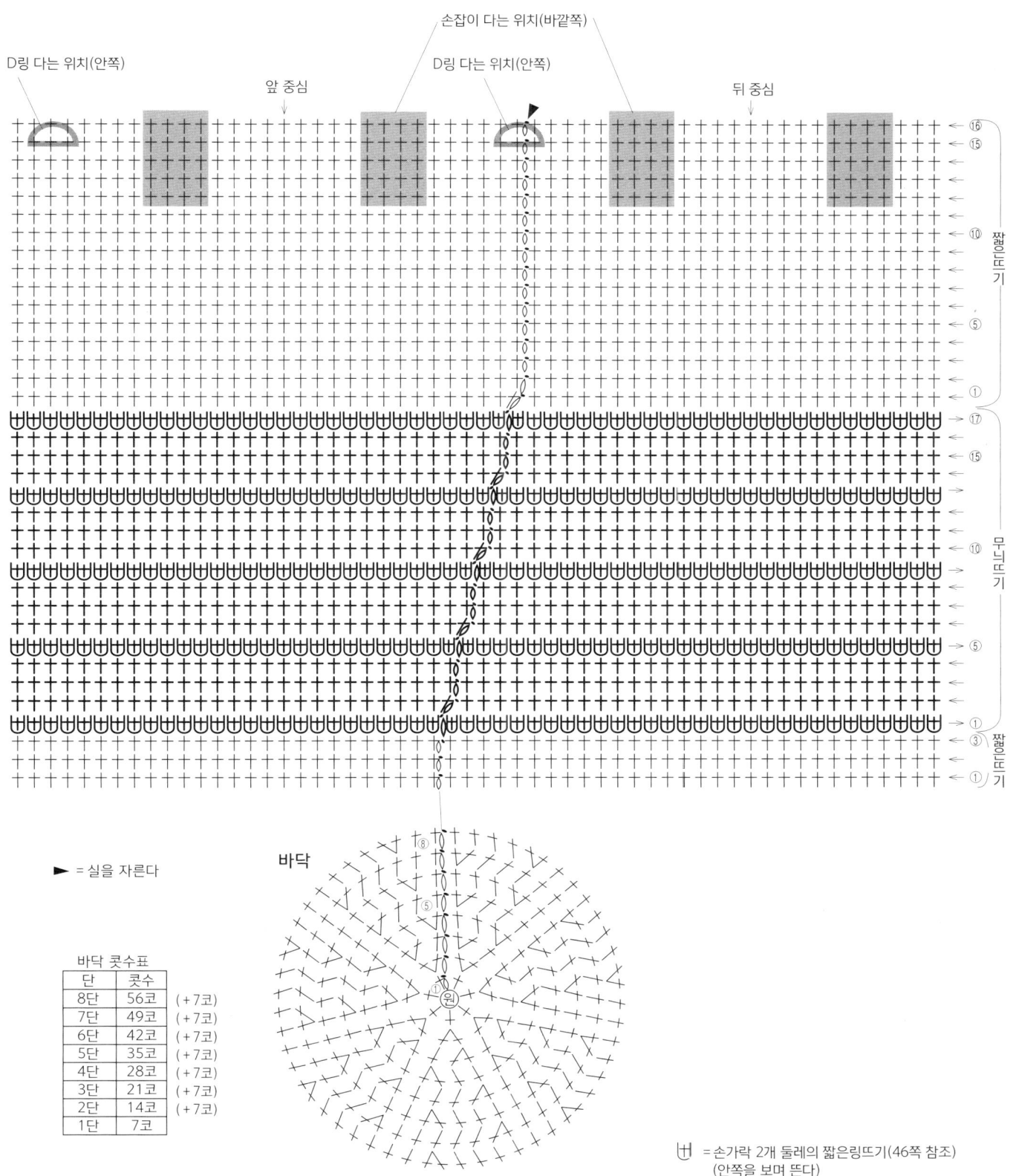

№.2 Cruce

see : p.08

크루세

재료와 도구
a / 다루마 사사와시 다크올리브(6) 140g
b / 다루마 사사와시 라이트브라운(2) 140g
〈공통〉 아일렛(안지름 12mm, 골드) 2개, 나사식 D링(골드)이 달린 대나무 손잡이(폭 16cm) 1개, 코바늘 5/0호·3/0호·6/0호

완성 치수 폭 26cm 높이 34cm

게이지
10cm×10cm 짧은뜨기 19.5코×21단
10cm×10cm 무늬뜨기 23코×15단

뜨는 방법 포인트
- A부분은 6/0호 바늘을 사용하여 사슬 50코로 시작코를 만든다. 5/0호 바늘로 사슬 반코와 코산을 주워서 짧은뜨기로 51코, 남은 반코를 주워서 50코, 총 101코를 뜬다. 양끝에서 콧수를 줄여가며 도안을 참조하여 짧은뜨기 71단을 뜨고, 가장자리에 빼뜨기를 해서 모양을 잡아놓는다. B부분은 3/0호 바늘을 사용하여 사슬 53코로 시작코를 만든다. 2단부터 바늘을 5/0호로 바꿔 양끝에서 콧수를 늘렸다 줄였다 해가며 도안을 참조하여 무늬뜨기로 33단을 뜬다. 가장자리는 3/0호 바늘로 짧은뜨기 1단을 떠서 정리한다.
- 마무리 방법을 참조하여 겹쳐놓고 균형 있게 꿰매서 합친다.
- 아일렛을 달고 손잡이를 달아서 완성한다.

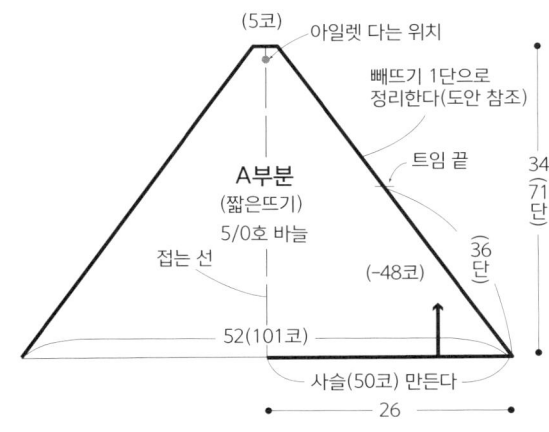

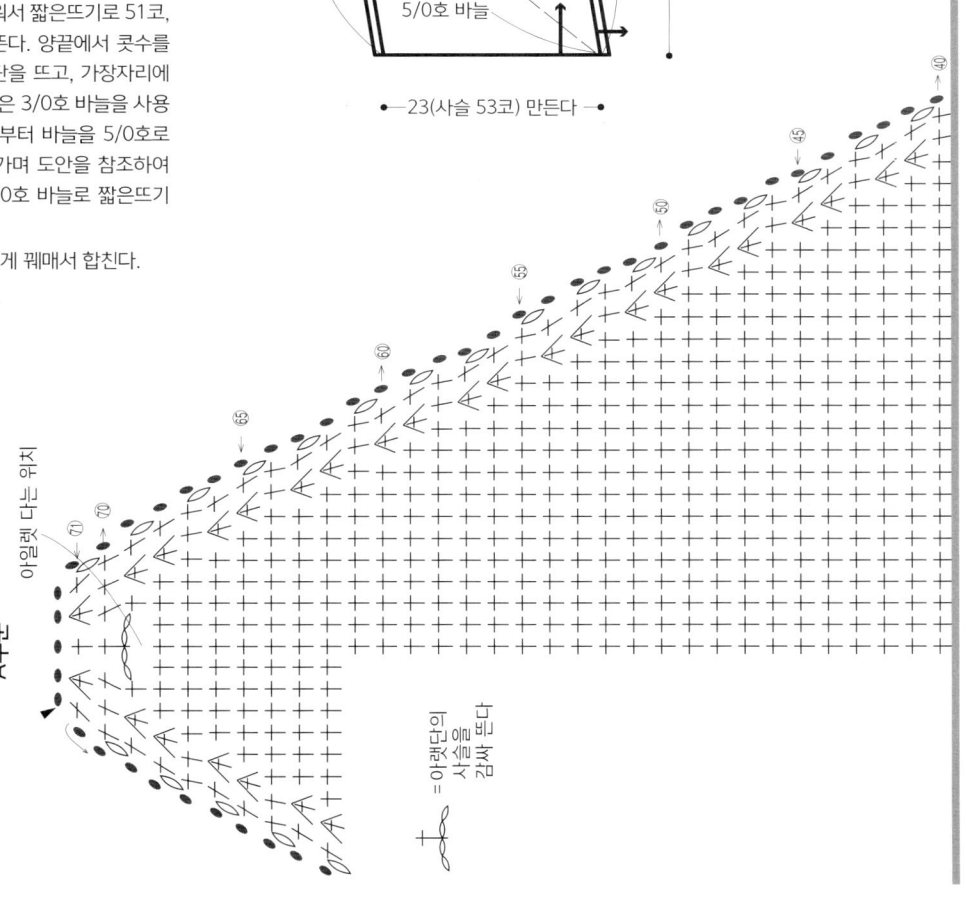

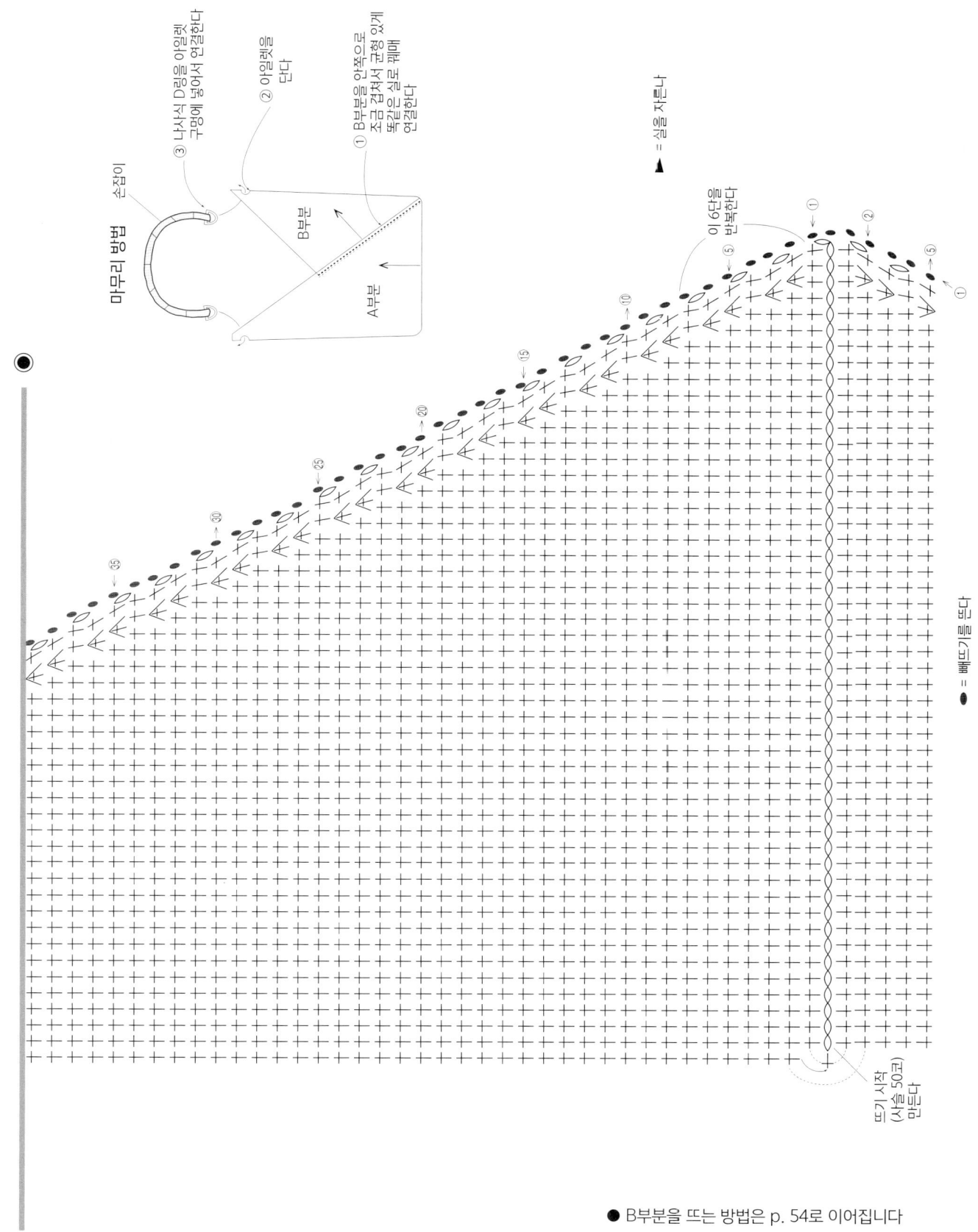

● B부분을 뜨는 방법은 p. 54로 이어집니다

● p. 53 크루세 뜨개 도안

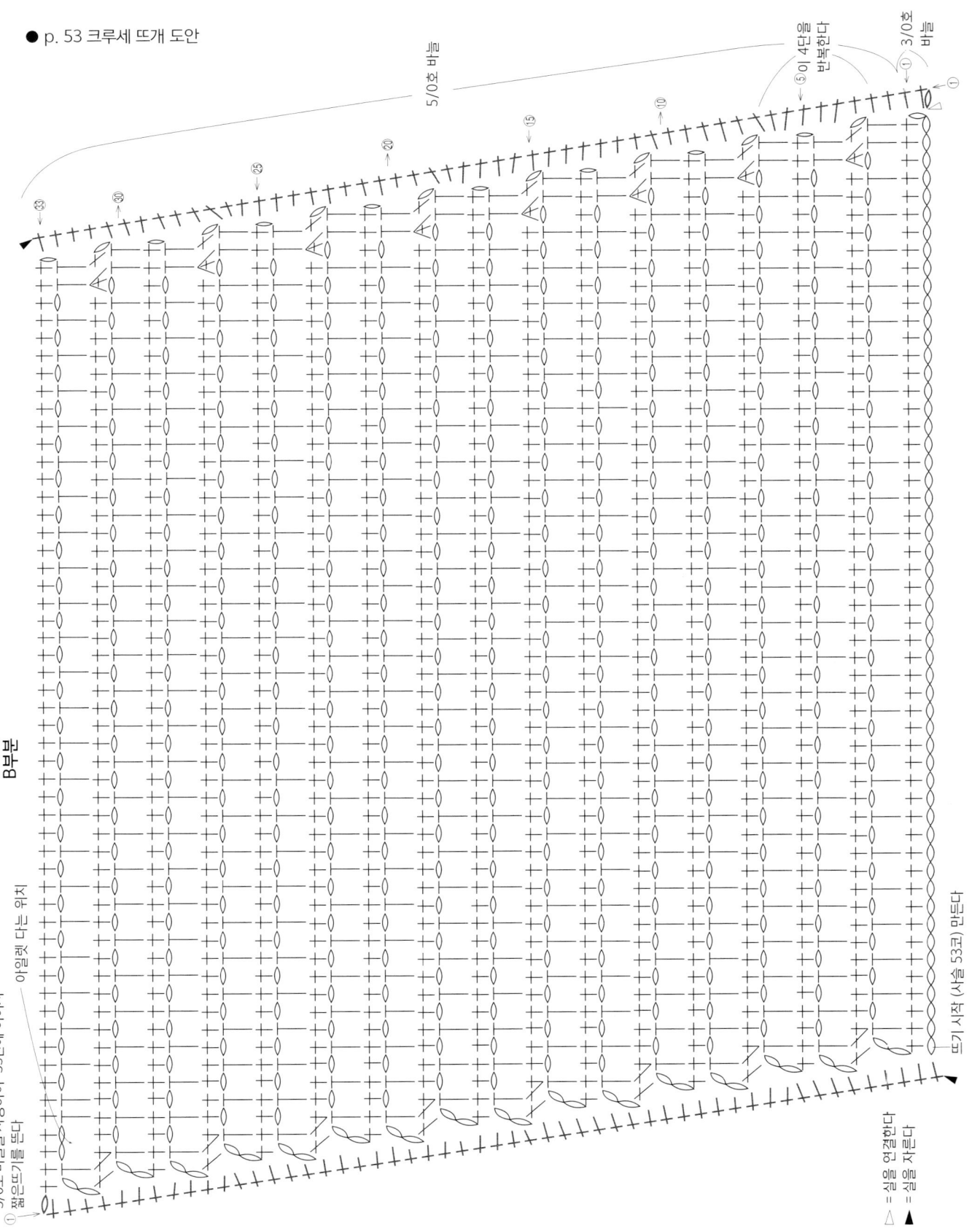

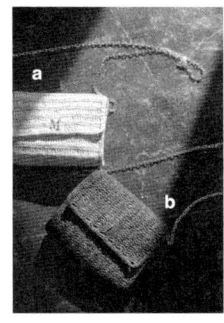

№.3 Stras
see : p.10

스트라스

재료와 도구
a / 다루마 사사와시 플랫 라이트브라운(103) 110g
b / 다루마 사사와시 플랫 블랙(105) 110g
〈공통〉 D링(20mm, 골드) 2개, 쓰노다쇼텐 양쪽 개고리가 달린 체인(120cm, 골드)(K112G) 1줄, 자석단추 1세트, 이니셜 핀 1개, 코바늘 6/0호

완성 치수 폭 21cm 높이 15cm

게이지 10cm×10cm 무늬뜨기 19코×9단

뜨는 방법 포인트
실은 전부 2가닥으로 뜬다.

a
- 옆면은 사슬 8코로 시작코를 만들고 도안을 참조해서 무늬뜨기로 14단을 뜬다. 똑같이 2장을 뜬다.
- 본체는 사슬 38코로 시작코를 만들고 도안을 참조해서 무늬뜨기로 45단을 뜬다. 계속해서 먼저 뜬 옆면을 본체의 맞춤점과 겹친 상태에서 짧은뜨기 1단을 뜨며 합친다(덮개 부분은 본체에만 뜬다).

b
- 옆면은 사슬 27코로 시작코를 만들고 도안을 참조해서 무늬뜨기로 4단을 뜬다. 왼쪽 가장자리에 짧은뜨기로 1단을 뜬다.
- 본체는 사슬 91코로 시작코를 만들고 도안을 참조해서 무늬뜨기로 18단을 뜬다. 지정한 위치에 실을 연결해서 먼저 뜬 옆면을 본체의 맞춤점과 겹친 상태에서 짧은뜨기 1단을 뜨며 합친다(덮개 부분은 본체에만 뜬다).

a, b 공통
- 자석단추와 D링은 지정한 위치에 꿰매 단다. D링에 체인이 달린 개고리를 연결한다.
- 이니셜 핀은 본체의 덮개 겉쪽에 균형 있게 단다.

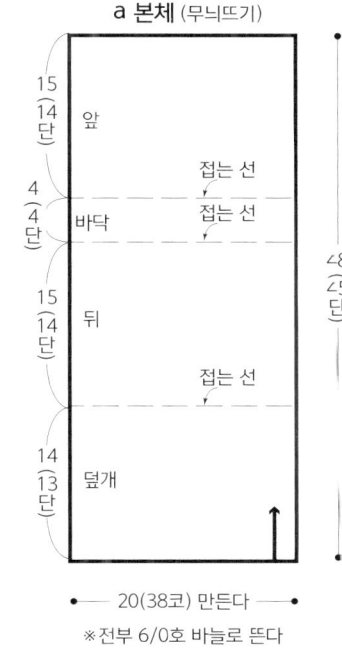

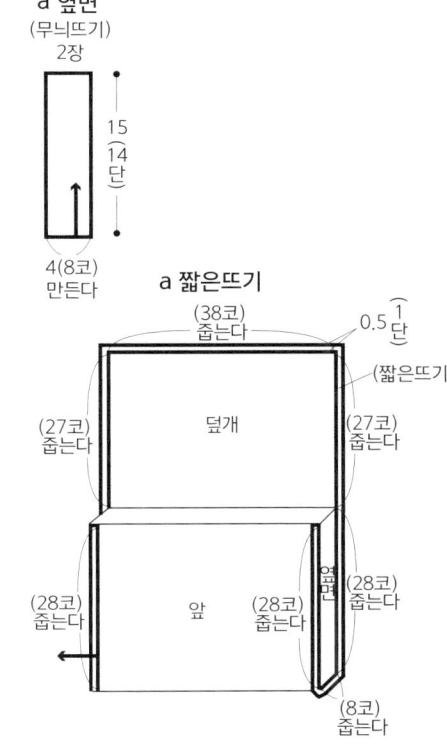

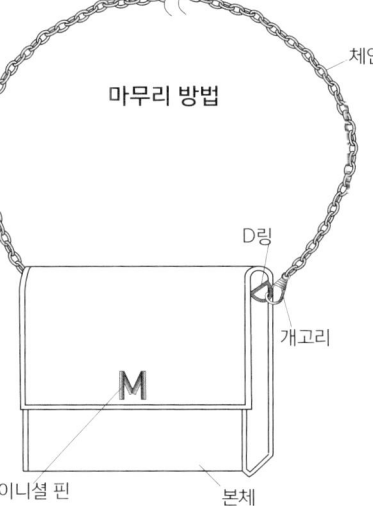

마무리 방법

① 자석단추는 도안을 참조해서 지정한 위치에 꿰매 단다
② D링은 옆면의 지정한 위치에 꿰매 단다
③ 이니셜 핀을 덮개 겉쪽에 균형 있게 단다
④ D링에 개고리가 달린 체인을 연결한다

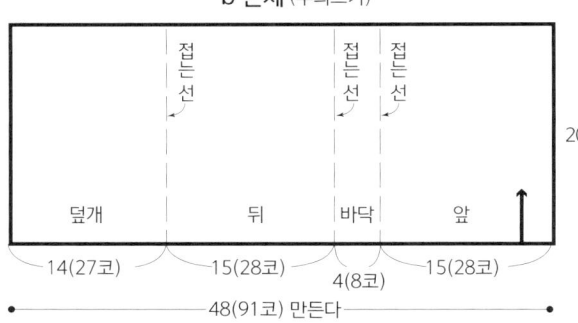

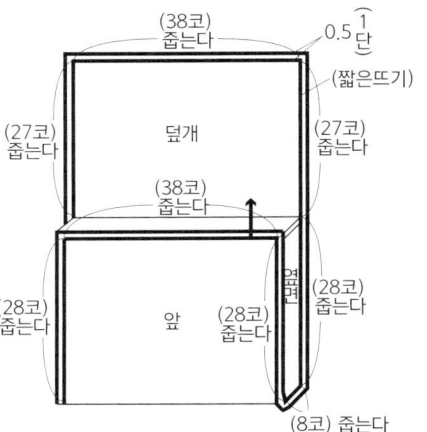

● 뜨는 방법은 p. 56으로 이어집니다

● p. 55 스트라스 뜨개 도안

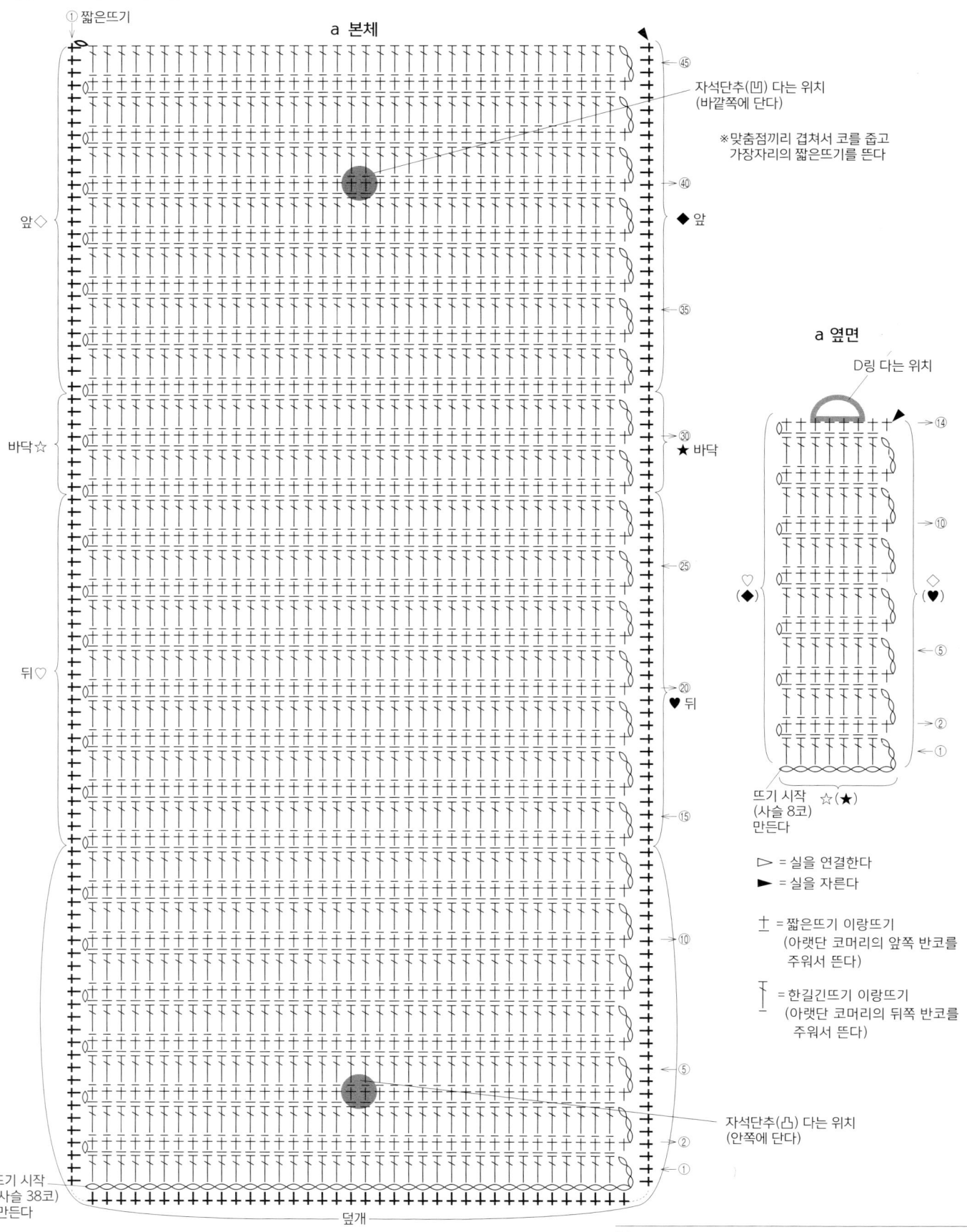

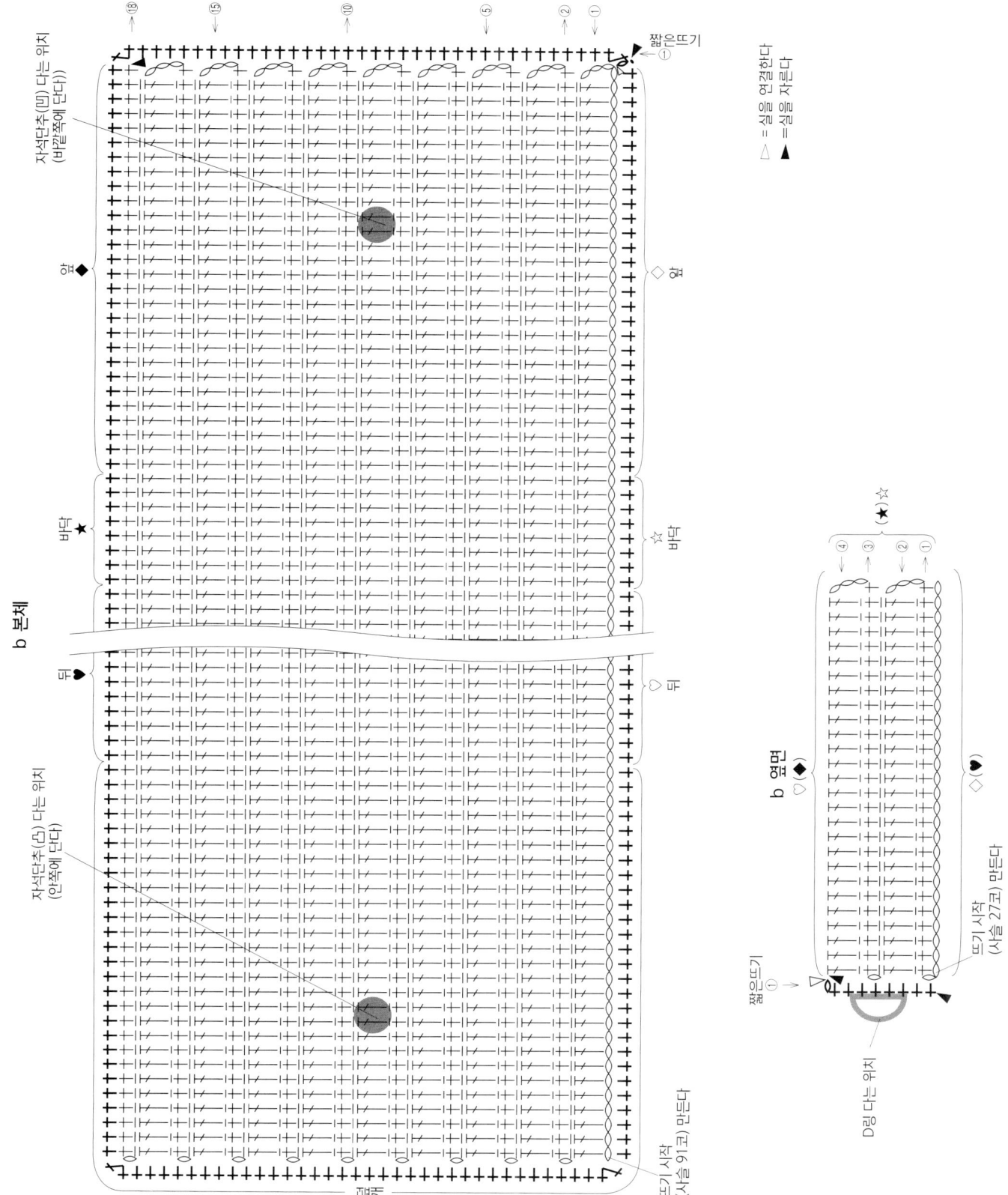

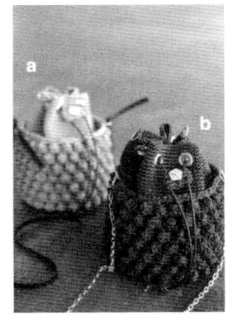

№.4 Papcorn

see : p.12

팝콘

재료와 도구

a / 다루마 사사와시 라이트브라운(2) 260g, 폭 10mm 가죽끈(검정) 140cm

b / 다루마 사사와시 먹색(17) 260g, 쓰노다쇼텐 양쪽 개고리가 달린 체인(120cm, 골드)(K112G) 1줄

〈공통〉 아일렛(안지름 12mm, 골드) 10개, 하마나카 가죽 바닥판(원형, 지름 16cm, 구멍 48개)(H204-596-2) 1장, 지름 3mm 가죽끈(검정) 90cm, D링(20mm, 골드) 4개, 장식단추 1개, 코바늘 8/0호·4/0호·5/0호

완성 치수

바스켓 폭 16cm 높이 15cm
버킷백 폭 15cm 높이 22cm

게이지

10cm×10cm 무늬뜨기(구슬뜨기 부분) 4무늬×5단(8/0호 바늘)
10cm×10cm 짧은뜨기 19코×19.5단(4/0호 바늘)

뜨는 방법 포인트

바스켓과 끈 스토퍼는 실 2가닥, 버킷백은 실 1가닥으로 뜬다.

바스켓

- 옆면은 가죽 바닥판에서 코를 주워서 1단을 짧은뜨기로 48코를 뜨고 도안을 참조하여 무늬뜨기로 8단까지 뜬다. 9단은 짧은뜨기로 뜬다.
- D링은 지정한 위치에 꿰매 단다. D링에 a는 가죽끈을 연결하고 b는 체인이 달린 개고리를 연결한다.

버킷백

- 바닥은 원형뜨기 시작코로 뜨기 시작해서 도안을 참조하여 콧수를 늘려가며 짧은뜨기로 13단을 뜬다(바닥 뜨는 방법 p.60 참조).
- 옆면은 바닥에서 이어서 짧은뜨기로 43단을 뜬다.
- 끈 스토퍼는 사슬 12코로 시작코를 만들어서 원통 모양으로 짧은뜨기 3단을 뜬다.
- 지정한 위치에 아일렛을 달아서 가죽끈을 끼우고 마무리 방법을 참조하여 완성한다.
- 버킷백을 바스켓 안에 넣어서 사용한다.

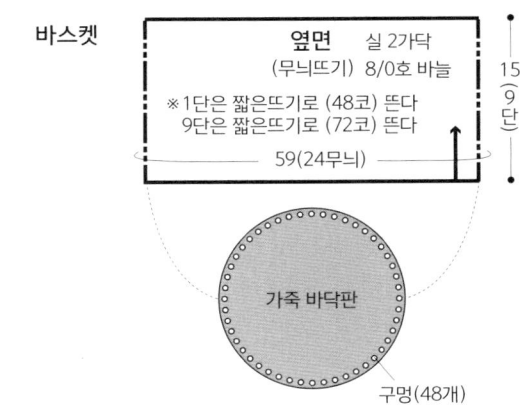

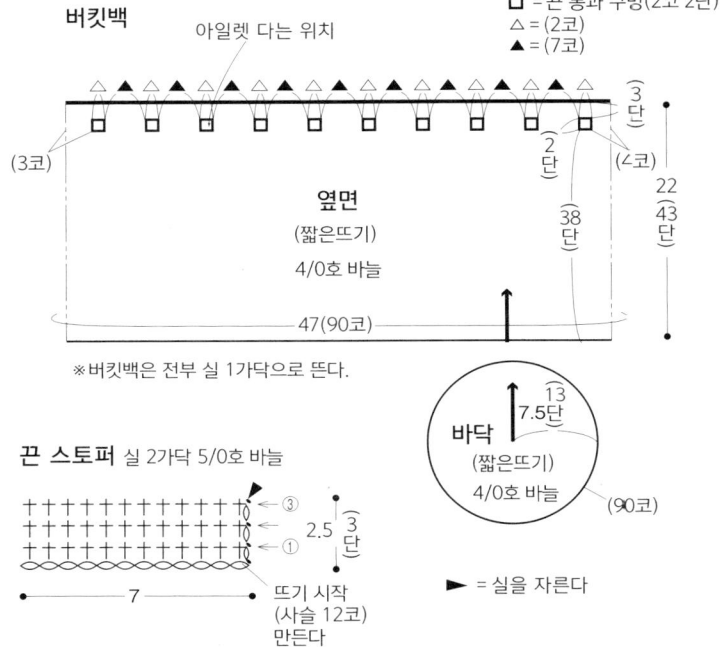

버킷백 마무리 방법

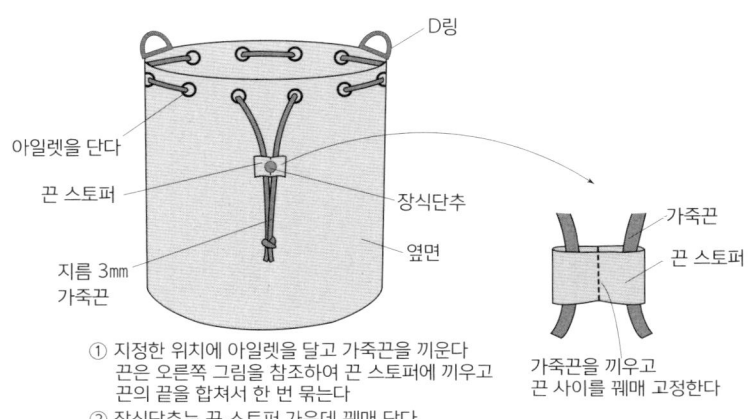

① 지정한 위치에 아일렛을 달고 가죽끈을 끼운다
  끈은 오른쪽 그림을 참조하여 끈 스토퍼에 끼우고
  끈의 끝을 합쳐서 한 번 묶는다
② 장식단추는 끈 스토퍼 가운데 꿰매 단다
③ D링은 지정한 위치에 꿰매 단다

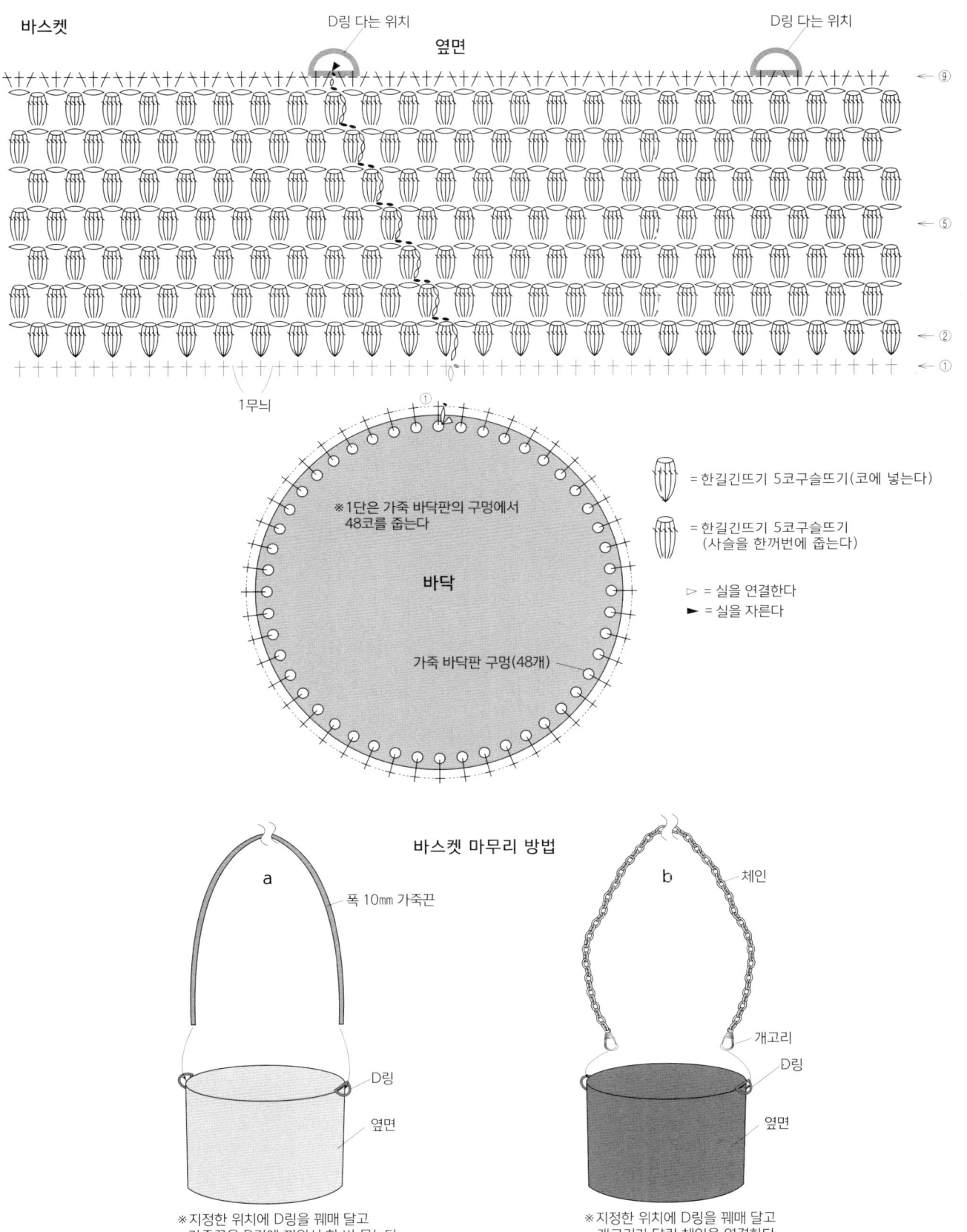

● p. 59 팝콘 뜨개 도안

버킷백
D링 다는 위치
아일렛 다는 위치
앞 중심
옆면
끈 통과 위치
D링 다는 위치
뒤 중심
43
41
40
39
35
30
10
5
2
1

41
40
39

39단, 40단의 사슬을 한꺼번에 주워서
짧은뜨기로 감싸 뜬다

▶ = 실을 자른다

바닥
13
10
5
1
원

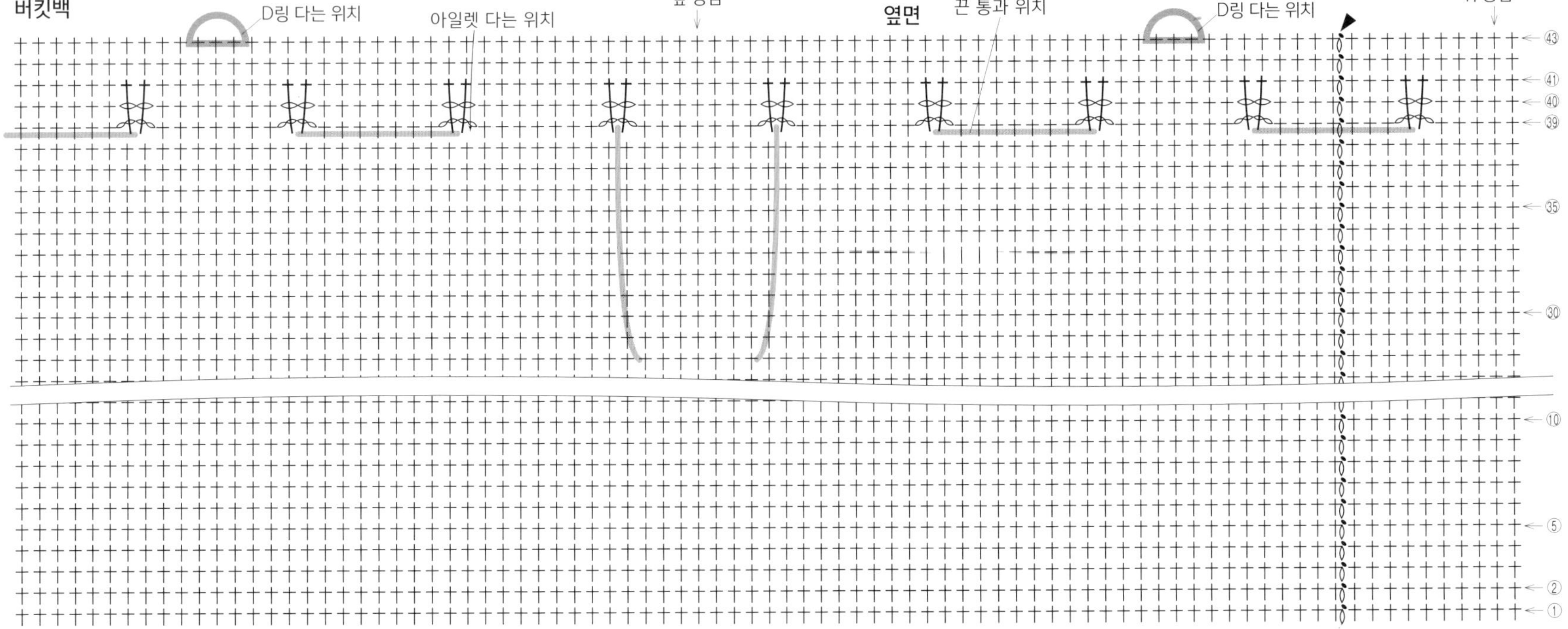

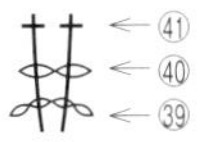

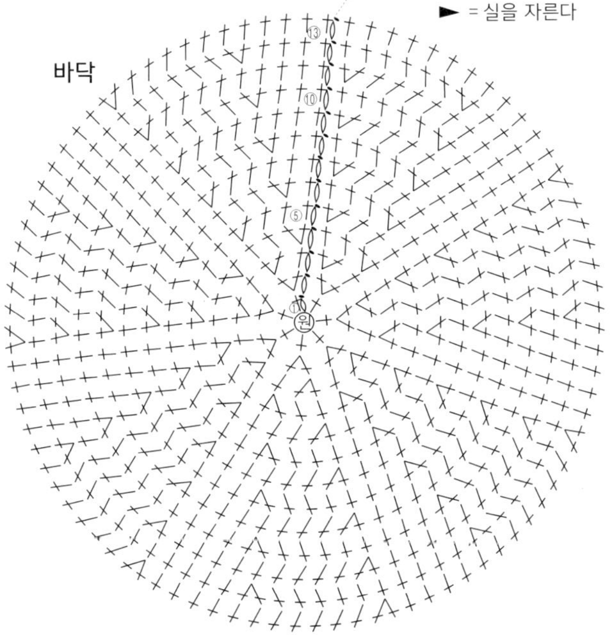

바닥 콧수표

단	콧수	
13단	90코	(+6코)
12단	84코	(+7코)
11단	77코	(+7코)
10단	70코	(+7코)
9단	63코	(+7코)
8단	56코	(+7코)
7단	49코	(+7코)
6단	42코	(+7코)
5단	35코	(+7코)
4단	28코	(+7코)
3단	21코	(+7코)
2단	14쿠	(+7코)
1단	7코	

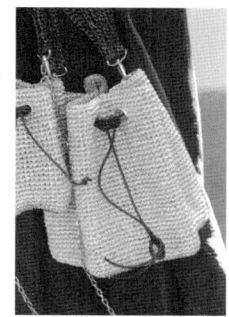

№.8 Stella

see : p.18

스텔라

※전부 7/0호 바늘로 뜬다

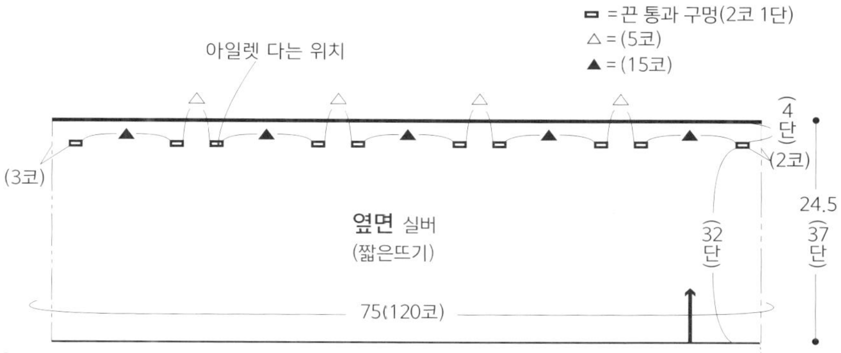

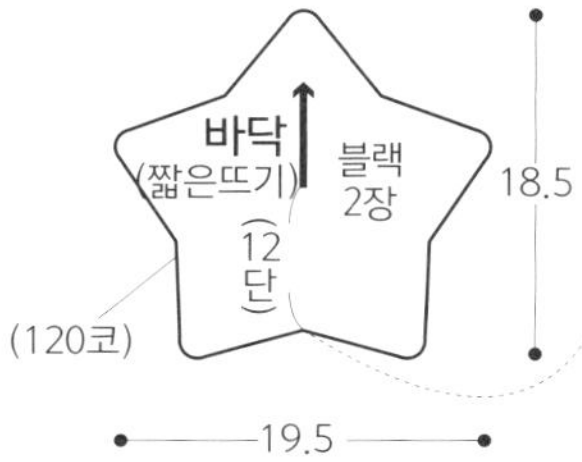

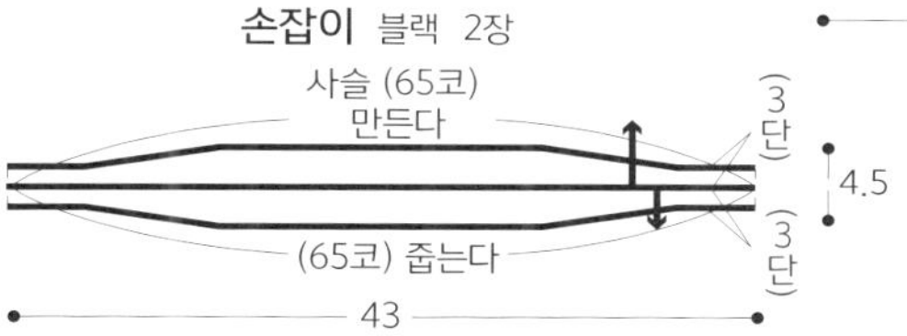

재료와 도구

하마나카 에코안다리아 실버(174) 235g, 블랙(30) 120g, 가방용 바닥판(20cm×20cm, 검정), 아일렛(안지름 12mm, 실버) 10개, D링(18mm, 실버) 2개, 스프링 개고리(30mm, 실버) 2개, 가죽끈(지름 3mm, 검정) 90cm, 코바늘 7/0호

완성 치수 폭 22cm 높이 24.5cm

게이지 10cm×10cm 짧은뜨기 16코×15단

뜨는 방법 포인트

실은 지정한 부분 외에는 2가닥으로 뜬다.

- 바닥은 2장을 뜬다. 원형뜨기 시작코로 뜨기 시작해서 도안을 참조하여 콧수를 늘려가며 짧은뜨기로 12단을 뜬다(바닥 뜨는 방법 p. 62 참조).
- 옆면은 바닥 2장 사이에 별 모양으로 자른 바닥판을 끼워 넣어 겹친 부분에서 코를 주워 짧은뜨기로 37단을 뜬다.
- 손잡이는 도안을 참조하여 2장을 떠서 합친다.
- 끈 스토퍼는 사슬 10코로 시작코를 만들어 뜨기 시작해서 원통 모양으로 짧은뜨기 3단을 뜬다.
- 마무리 방법을 참조해서 각 부분을 합친다.

마무리 방법

① 지정한 위치에 아일렛을 달고 가죽끈을 끼운다
위의 그림을 참조해서 가죽끈을 끈 스토퍼에 끼우고 가운데를 꿰맨다
끈의 끝을 합쳐서 한 번 묶는다
② 지정한 위치에 D링을 꿰매 달고 손잡이의 개고리를 D링에 연결한다

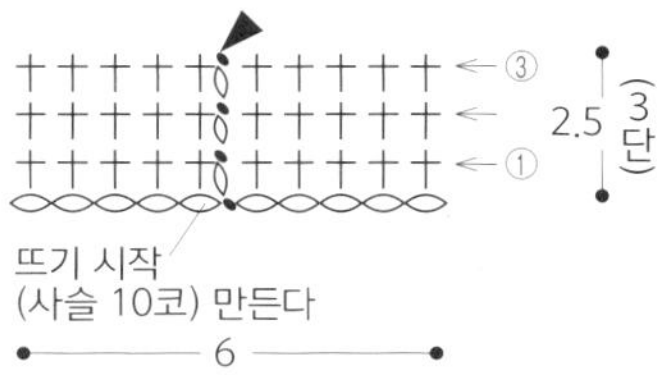

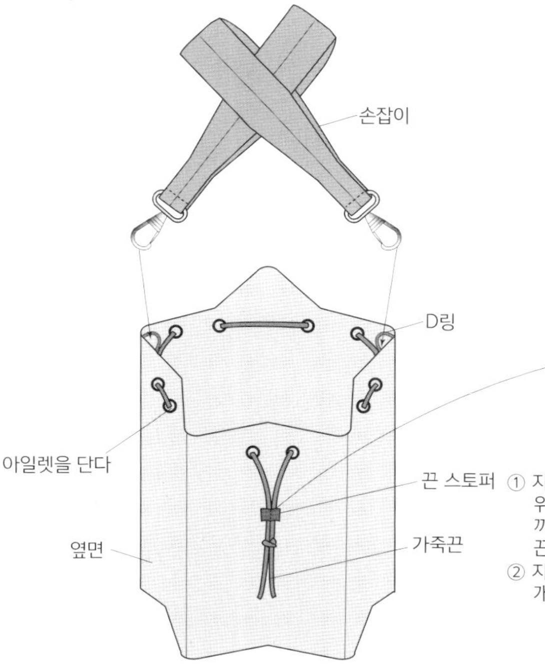

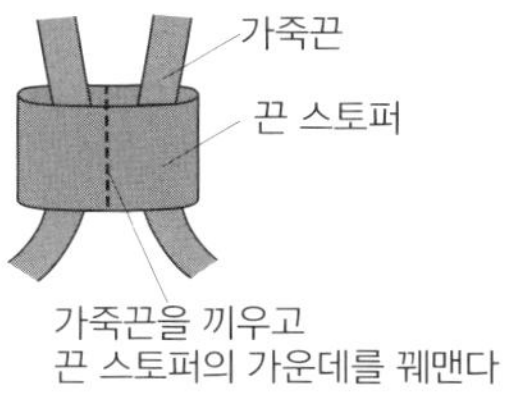

● 뜨는 방법은 p. 62로 이어집니다

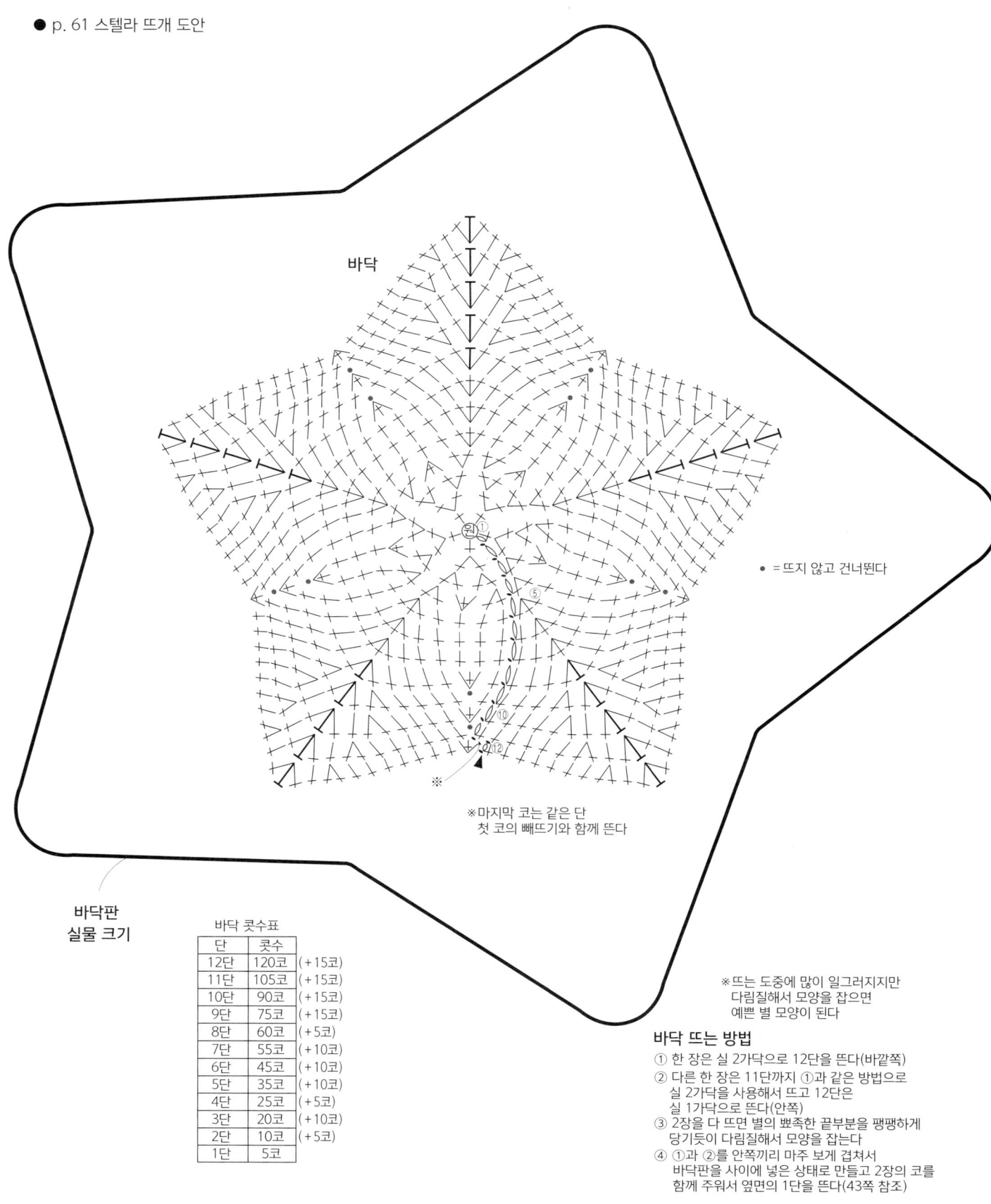

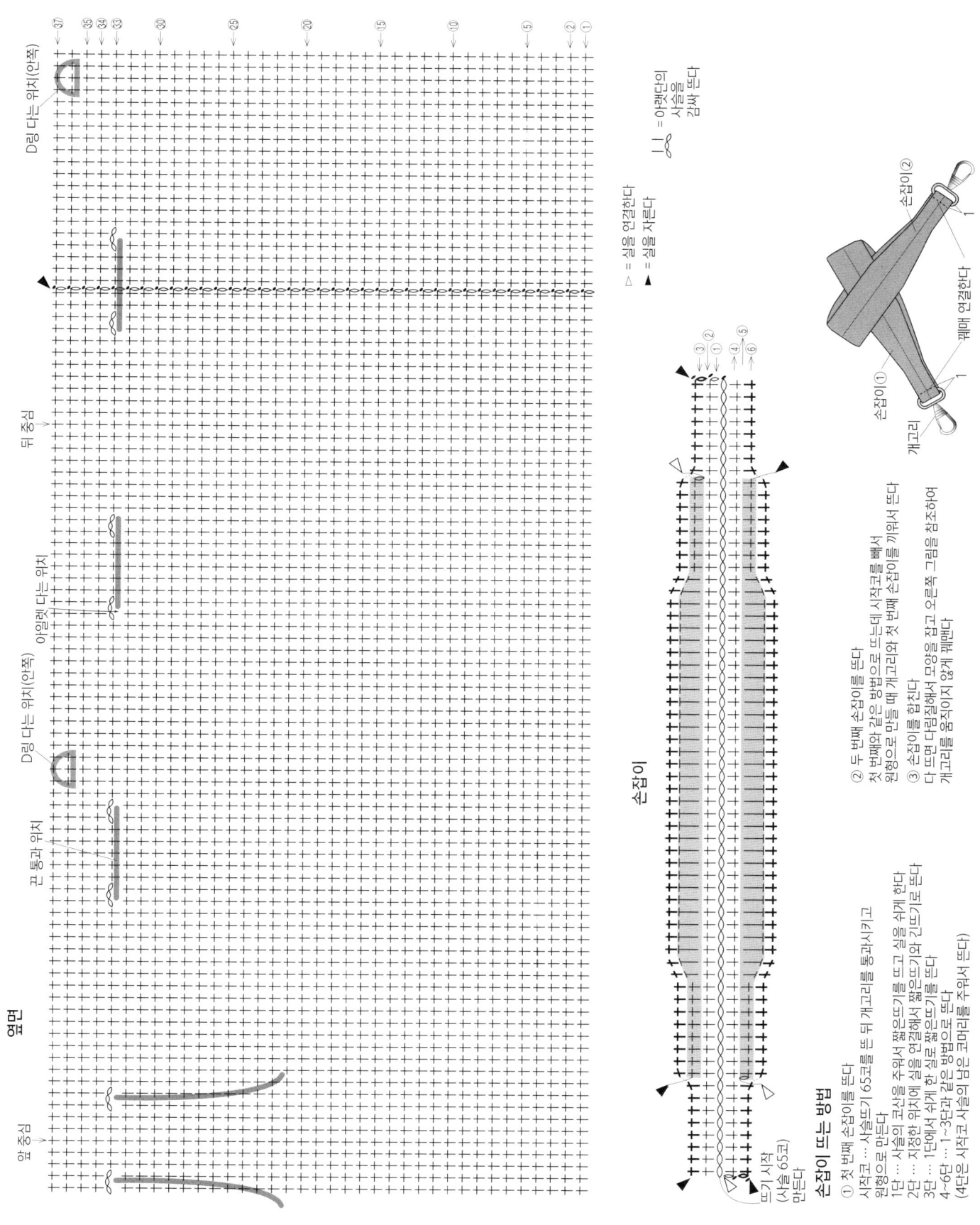

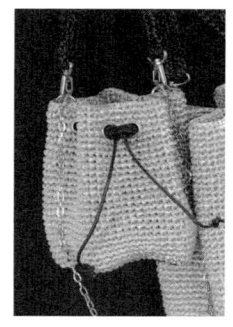

№.9 Stella Petit

see : p.18

스텔라 프티

재료와 도구
하마나카 에코안다리아 실버(174) 100g, 블랙(30) 45g, 아일렛 (안지름 8.5mm, 실버) 10개, D링(15mm, 실버) 2개, 스프링 개고리 (21mm, 실버), 가죽끈(지름 3mm, 검정) 65cm, 쓰노다쇼텐 양쪽 개고리가 달린 체인(120cm, 니켈)(K112N) 1줄, 코바늘 7/0호

완성 치수 폭 15cm 높이 17cm

게이지 10cm×10cm 짧은뜨기 16코×15단

뜨는 방법 포인트
실은 2가닥으로 뜬다.
- 바닥은 원형뜨기 시작코로 뜨기 시작해서 도안을 참조하여 콧수를 늘려가며 짧은뜨기로 8단을 뜬다(바닥 뜨는 방법 참조).
- 옆면은 바닥에서 코를 주워서 짧은뜨기로 26단을 뜬다.
- 손잡이는 뜨기 시작부분의 실 5m를 남기고 사슬 1코로 시작코를 만들어 뜨기 시작한다. 짧은뜨기의 무늬뜨기로 콧수를 늘렸다 줄였다 해가며 38단을 뜬다. 계속해서 둘레에 가장자리뜨기 1단을 뜬다.
- 끈 스토퍼는 사슬 8코로 시작코를 만들어서 뜨기 시작하고 원통 모양으로 짧은뜨기 2단을 뜬다.
- 마무리 방법을 참조해서 각 부분을 합친다.

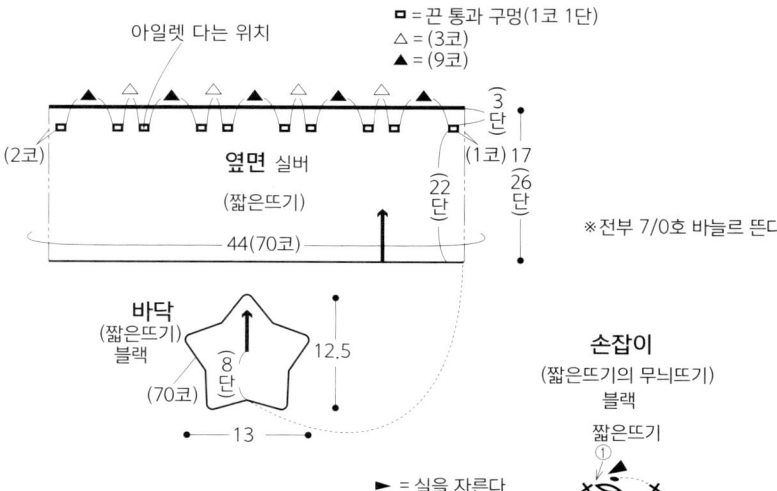

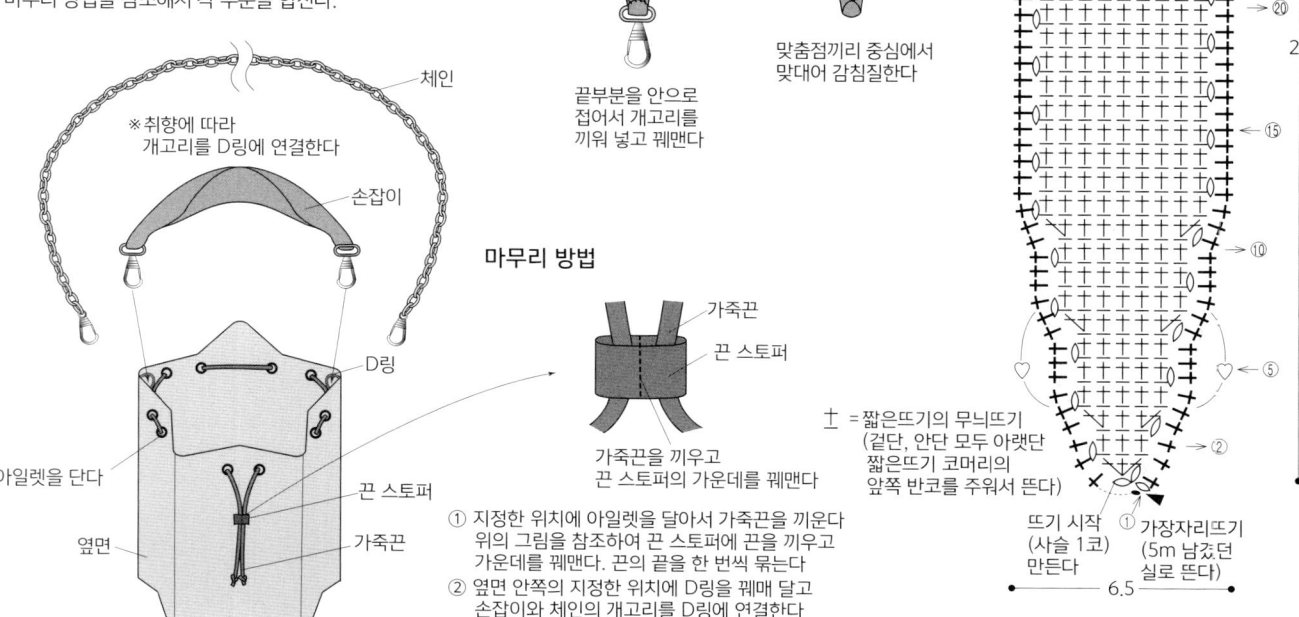

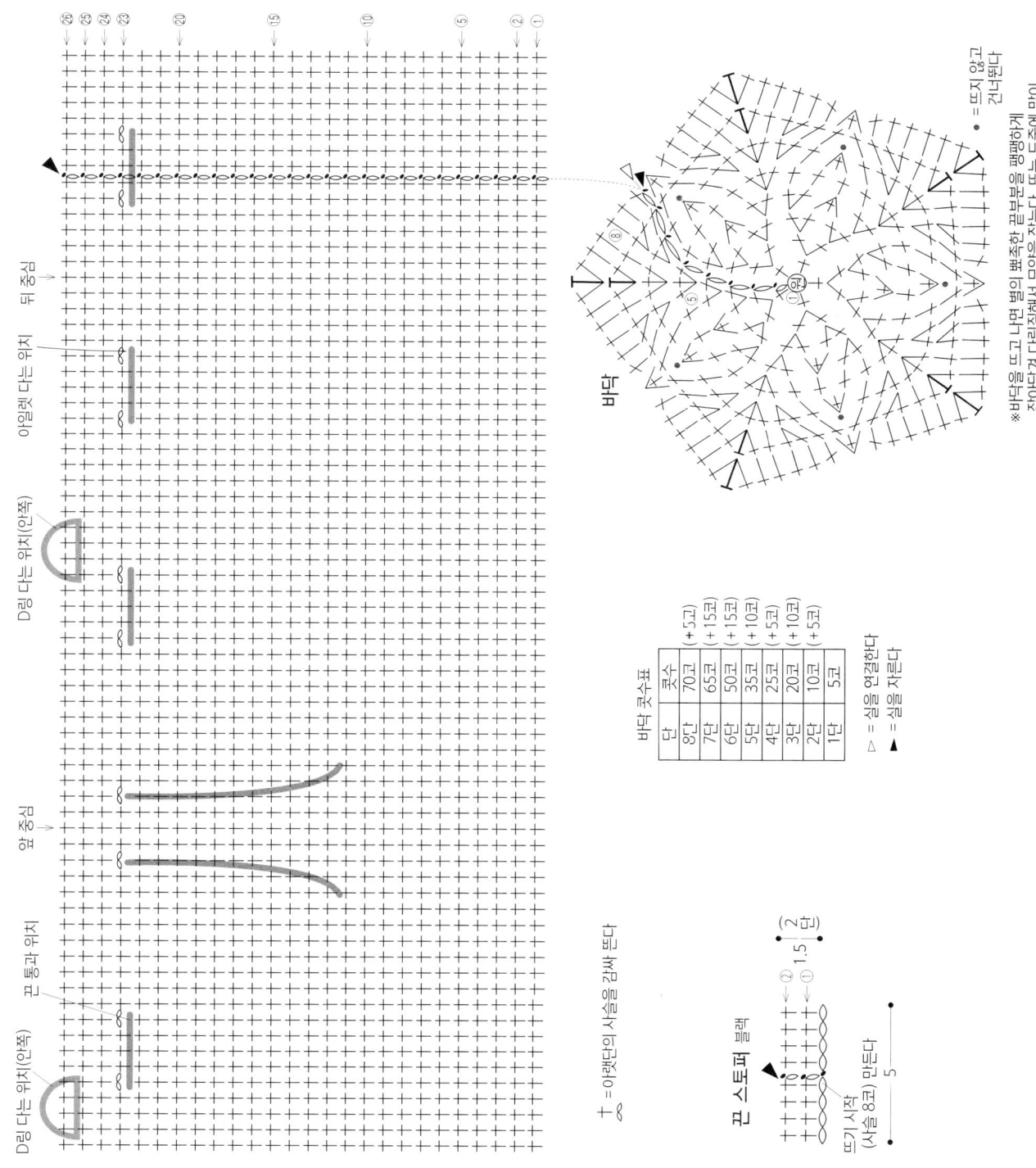

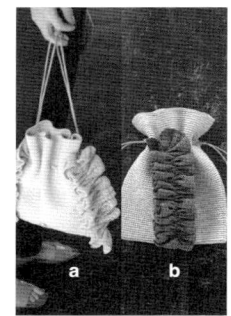

№.5, 6 Lala, Chaine

see : p.14, 15

라라, 셰네

재료와 도구

a / 퍼피 리피 내추럴(761) 265g, 하마나카 워시코튼 베이지(3) 약간 (프릴 꿰매 다는 용도), 장식단추 1개

b / 퍼피 리피 내추럴(761) 150g, 올리브(765) 65g, 하마나카 워시코튼 그린(40) 약간 (프릴 꿰매 다는 용도)

〈공통〉 아일렛(안지름 8.5mm, 골드) 12개, 지름 4mm 구멍 2개짜리 끈 스토퍼(골드) 2개, 지름 3mm 가죽끈(베이지) 200cm, 코바늘 4/0호·3/0호·5/0호

완성 치수 폭 25cm 높이 31cm

게이지 10cm×10cm 짧은뜨기 21.5코×21단(4/0호 바늘)

뜨는 방법 포인트

본체는 실 2가닥, 프릴 리본은 실 1가닥으로 뜬다.

● 본체는 5/0호 바늘을 사용해서 사슬 53코로 시작코를 만든다. 4/0호 바늘로 바꿔서 사슬 반코와 코산을 주워 54코, 나머지 반코를 주워서 54코, 총 108코를 도안을 참조하여 원통 모양으로 짧은뜨기 65단을 뜬다.

● 프릴 리본은 4/0호 바늘을 사용해서 사슬 288코로 시작코를 만들고 3/0호 바늘로 바꿔서 짧은뜨기 22단을 뜬다. 도안을 참조하여 뜨개바탕의 가운데를 홈질한 뒤 그 실을 잡아당겨서 프릴을 만든다.

● 지정한 위치에 아일렛을 달아서 가죽끈을 끼우고 끈의 끝을 끈 스토퍼 구멍에 끼워서 묶는다.

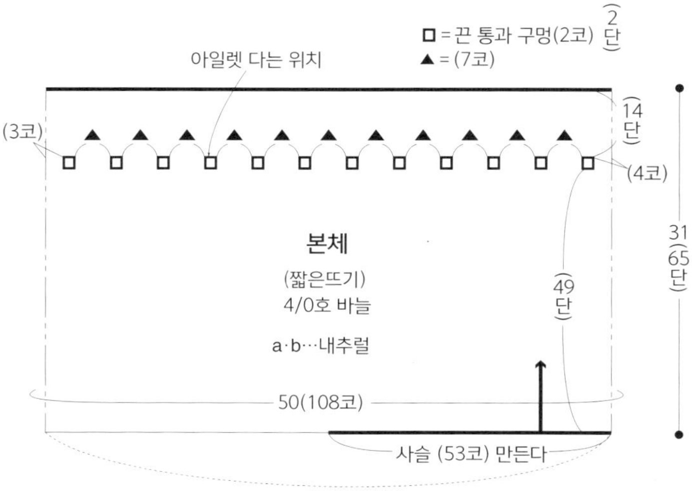

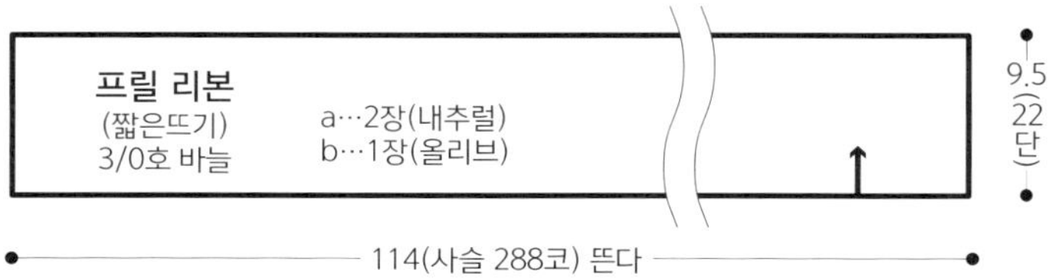

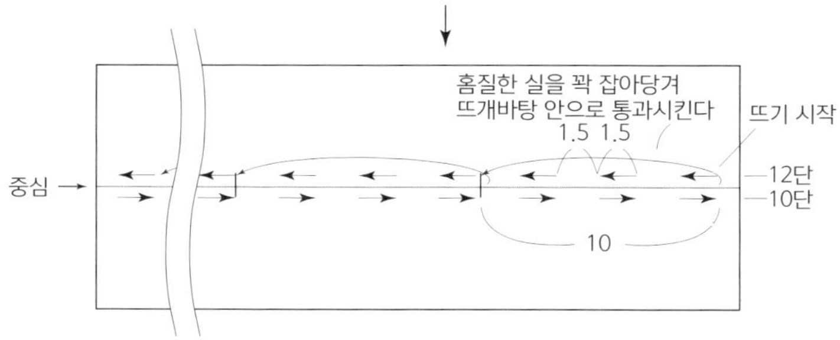

● 프릴 리본은 줄여놓은 중심의 안쪽을 지정한 위치에 꿰매 연결한다.

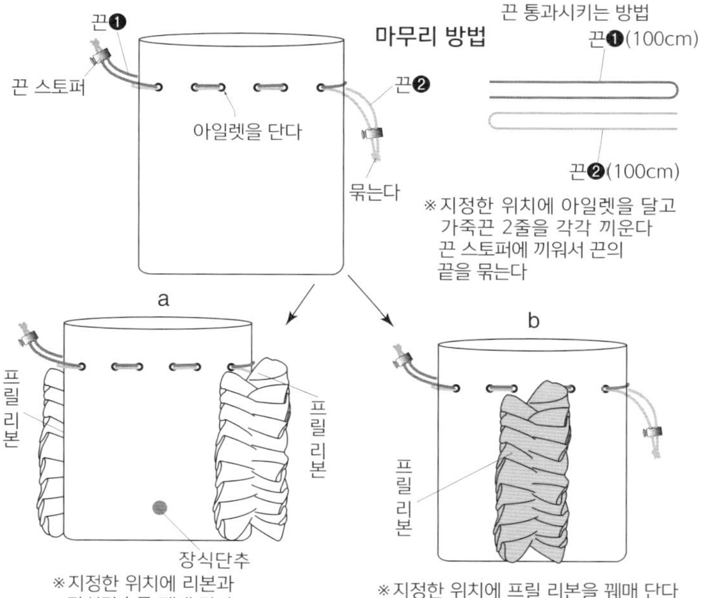

● a만 장식단추를 지정한 위치에 꿰매 단다.

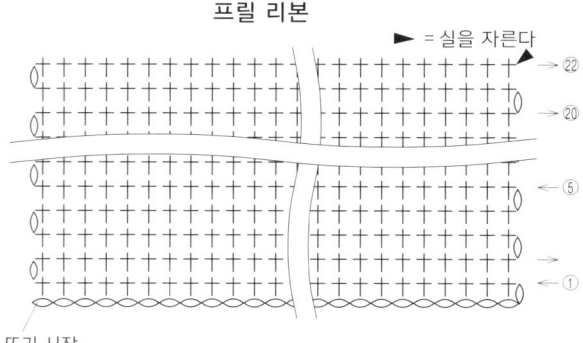

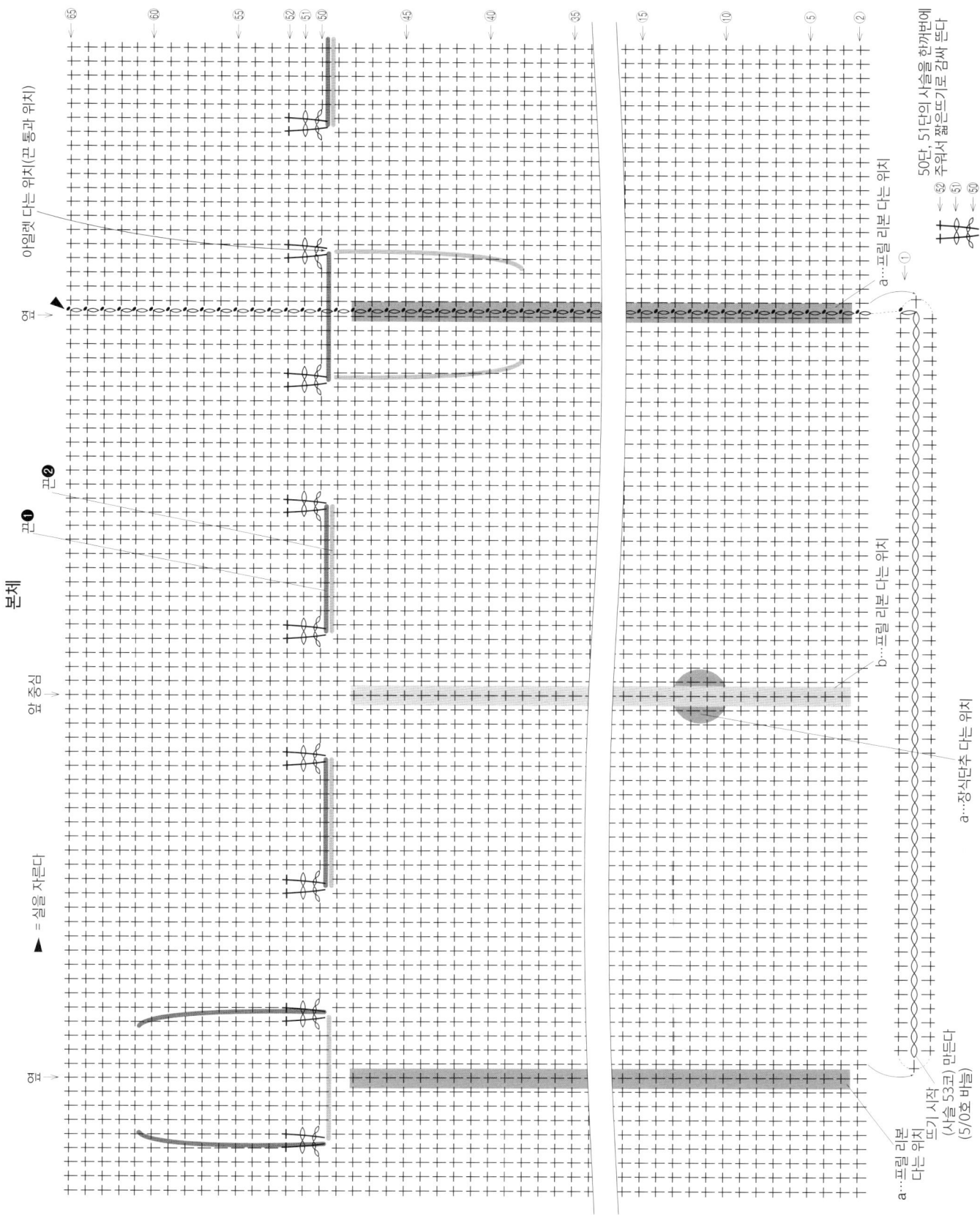

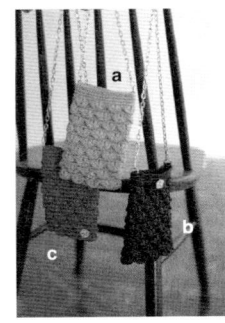

№.7 Mobiele

see : p.16

모비엘레

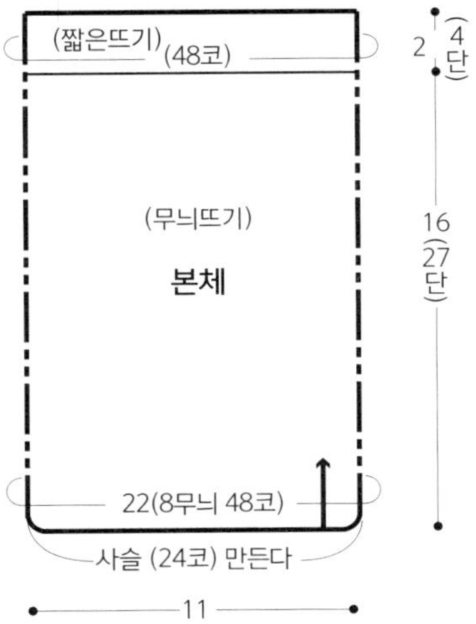

재료와 도구

a / 메르헨아트 마닐라헴프사 스트로(507) 50g
b / 메르헨아트 마닐라헴프사 블랙(510) 50g
c / 메르헨아트 마닐라헴프사 달리아(529) 50g
〈공통〉 쓰노다쇼텐 양쪽 개고리가 달린 체인(120cm, 골드)(K112G) 1줄, D링(10mm, 골드) 2개, 장식단추 1개, 코바늘 5/0호

완성 치수

폭 11cm 높이 18cm

게이지

10cm×10cm 무늬뜨기 22코×17단

뜨는 방법 포인트

- 본체는 사슬 24코로 시작코를 만들고 사슬 반코와 코산을 주워서 24코, 나머지 사슬 반코에서 24코를 주워 도안을 참조하여 원통 모양으로 무늬뜨기 27단, 짧은뜨기 4단을 뜬다.
- D링은 바깥쪽의 지정한 위치에 꿰매 단다.
- 장식단추는 원하는 위치에 꿰매 단다.

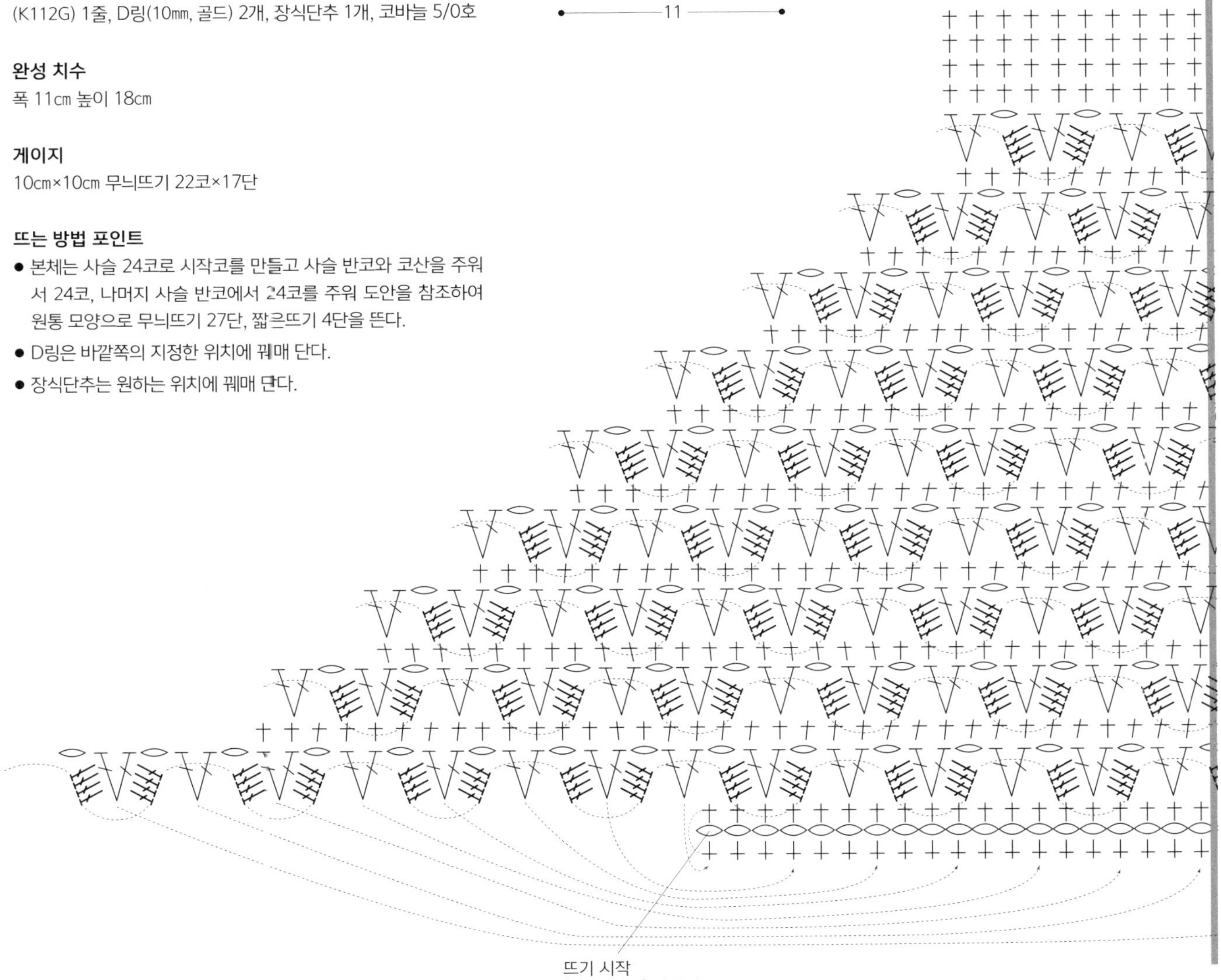

본체 (무늬뜨기)
(짧은뜨기)(48코)
2(4단)
16(27단)
22(8무늬 48코)
사슬(24코) 만든다
11

뜨기 시작
(사슬 24코) 만든다

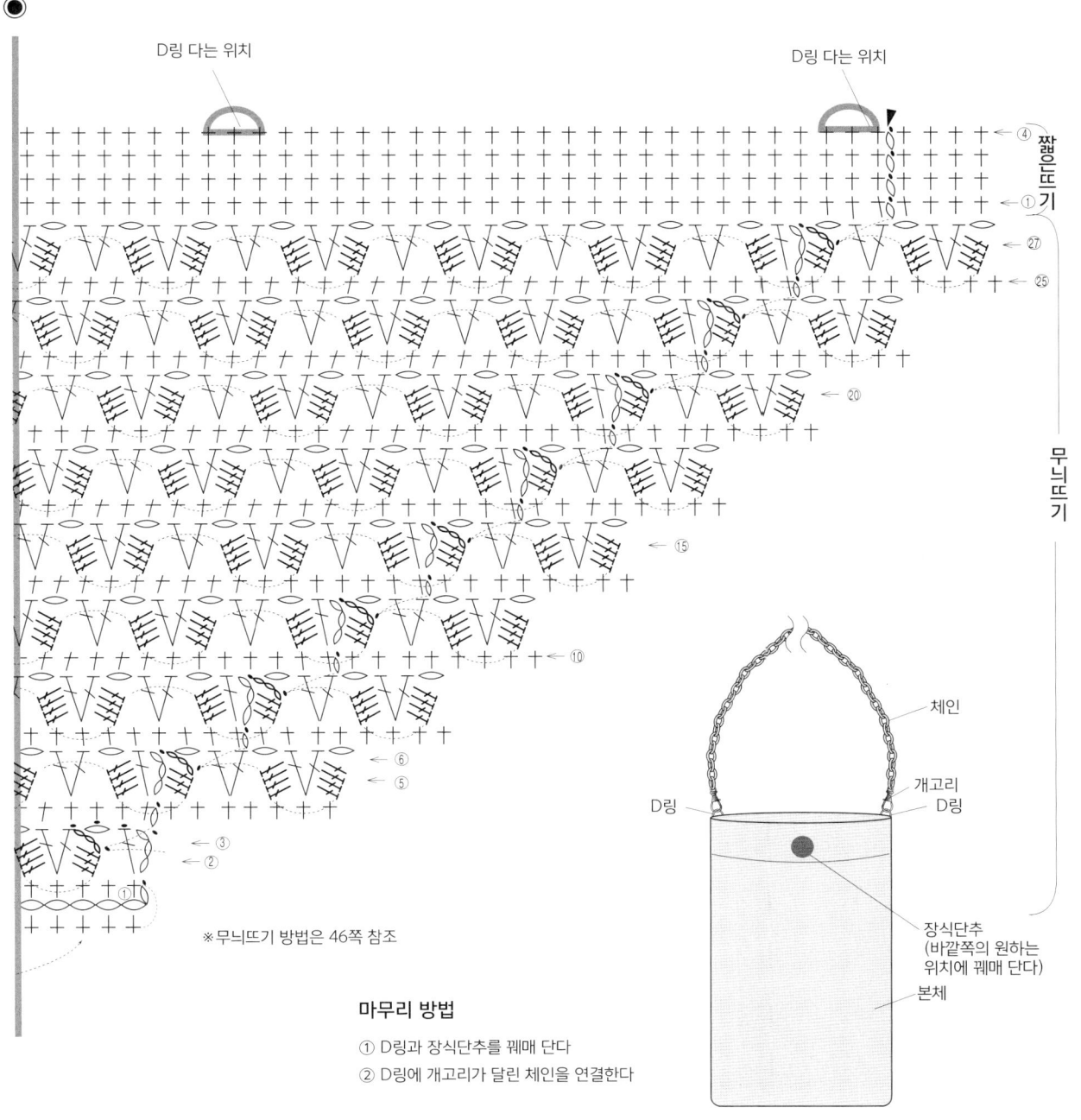

► = 실을 자른다

D링 다는 위치

D링 다는 위치

④ 짧은뜨기
①

㉗
㉕

⑳

⑮

⑩

⑥
⑤

③
②
①

무늬뜨기

※무늬뜨기 방법은 46쪽 참조

체인
개고리
D링   D링
장식단추
(바깥쪽의 원하는
위치에 꿰매 단다)
본체

마무리 방법

① D링과 장식단추를 꿰매 단다
② D링에 개고리가 달린 체인을 연결한다

69

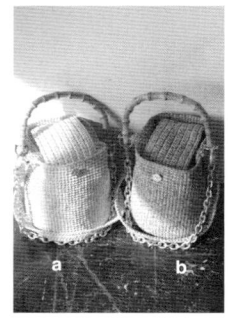

№.10 Slin

see : p.20

슬린

재료와 도구
a / 퍼피 리피 내추럴(761) 250g
b / 메르헨아트 마닐라헴프사 스테인 정향나무(542) 270g
〈공통〉나사식 D링(골드)이 달린 대나무 손잡이(폭 21㎝) 1개, 오리지널 체인(골드) 55㎝ 1줄, 지름 16㎝ 바닥판 1장, D링(20mm, 골드) 2개, 오리지널 개폐식 O링(지름 43mm) 2개, 자석단추(앤티크 골드) 1세트, 장식단추 1개, 코바늘 6/0호·7/0호

완성 치수
폭 16㎝, 높이 22㎝(손잡이 미포함)

게이지
10㎝×10㎝ 짧은뜨기 15코×14.5단

뜨는 방법 포인트
실은 지정한 부분 외에 a는 3가닥, b는 2가닥으로 뜬다.
- 바닥은 2장을 뜬다. 바닥은 원형뜨기 시작코로 뜨기 시작해서 도안을 참조하여 콧수를 늘려가며 짧은뜨기로 12단을 뜬다(바닥 뜨는 방법 참조).
- 옆면은 바닥판을 바닥 2장 사이에 끼워 넣어 겹친 부분에서 코를 주워 짧은뜨기로 31단을 뜬다.
- 포켓, 덮개는 7/0호 바늘을 사용해 사슬 62코로 시작코를 만들어서 뜨기 시작하고 6/0호 바늘로 바꿔서 짧은뜨기 15단을 뜬다. 양끝은 짧은뜨기로 1단을 뜬다. 도안을 참조해서 포켓 부분을 만든다.
- 스트랩은 7/0호 바늘을 사용해 사슬 90코로 시작코를 만들어서 뜨기 시작하고 6/0호 바늘로 바꿔서 짧은뜨기 3단을 뜬다.
- 탭은 7/0호 바늘을 사용해 사슬 12코로 시작코를 만들어서 뜨기 시작하고 6/0호 바늘로 바꿔서 짧은뜨기 3단을 뜬다.
- 마무리 방법을 참조해서 각 부분을 합친다.

마무리 방법
① 포켓, 덮개의 ♥ 위치는 옆면의 지정한 위치에 꿰매 연결한다(겉쪽에 표시가 나지 않게 주의한다)
② 자석단추와 장식단추는 지정한 위치에 꿰매 단다
③ D링을 끼운 탭을 반으로 접고 옆면의 지정한 위치에 옆면을 사이에 끼워 꿰매 단다
④ 손잡이의 금속 장식을 D링에 연결한다
⑤ 스트랩 양끝을 개폐식 O링에 끼우고 4㎝ 정도 안으로 접어서 꿰매 연결한다
개폐식 O링에 체인의 양끝을 통과시킨다
⑥ ⑤의 개폐식 O링을 손잡이의 금속 장식에 연결한다

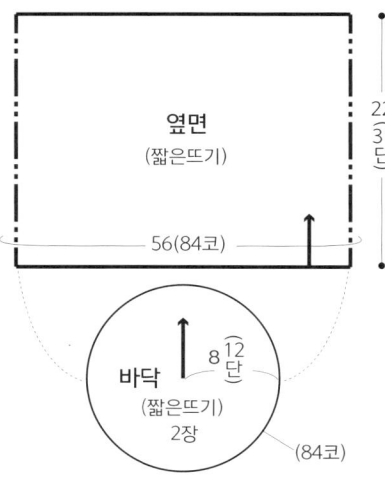

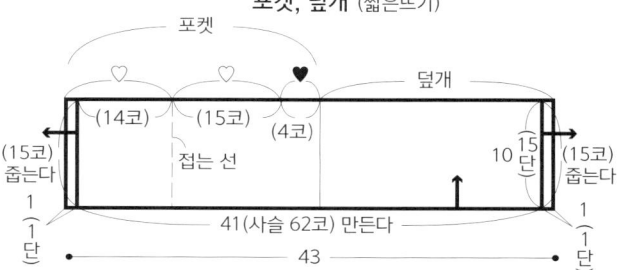

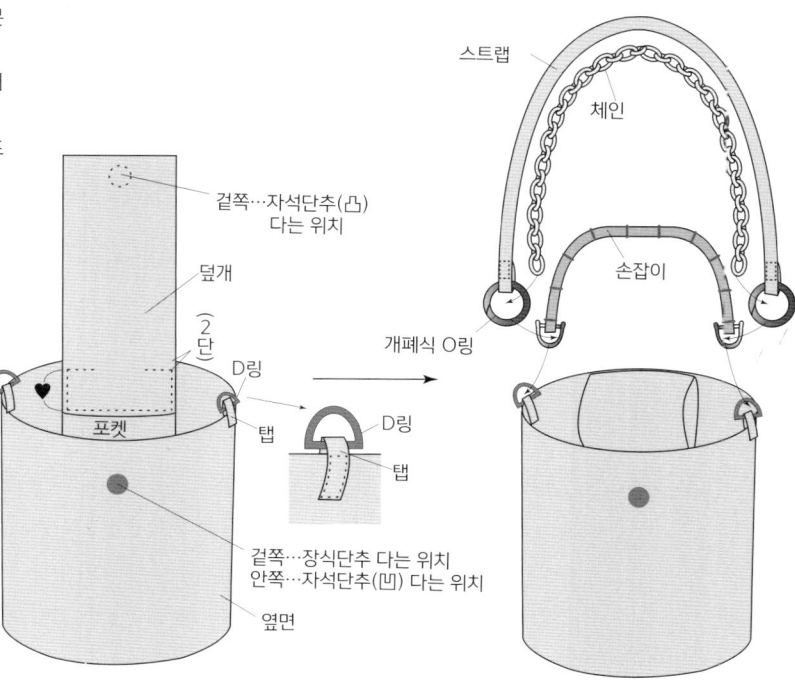

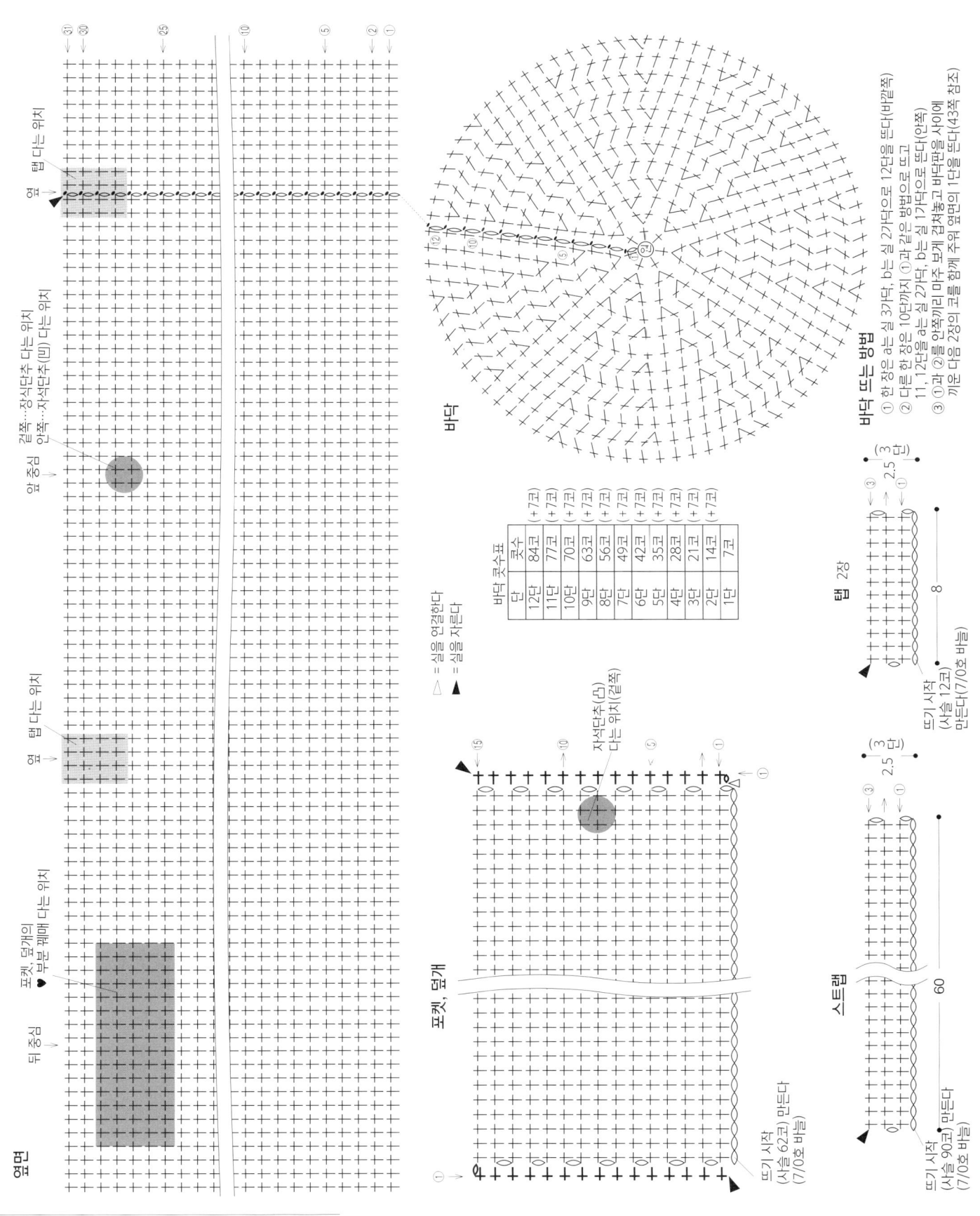

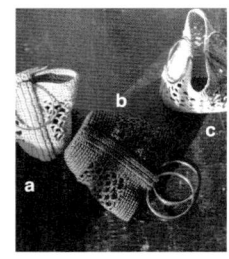
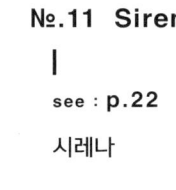

№.11 Sirena
l
see : p.22

시레나

재료와 도구
a / 하마나카 에코안다리아 그레이시핑크(54) 190g
b / 하마나카 에코안다리아 남색(57) 190g
c / 하마나카 에코안다리아 그레이(148) 190g
〈공통〉 하마나카 가방 바닥판(타원형, 20cm×10cm, 구멍 42개)
(H204-627) 1장, 메르헨아트 링 손잡이(바깥지름 10cm, 골드)
(G1111) 1세트, 코바늘 7/0호

완성 치수 폭 20~27cm, 높이 22.5cm(손잡이 미포함)

게이지 10cm×10cm 짧은뜨기 15.5코×15.5단

뜨는 방법 포인트
실은 전부 2가닥으로 뜬다.
- 옆면은 도안을 참조하여 바닥판에서 84코를 줍고 짧은뜨기 원통뜨기로 10단을 뜬다. 지정한 단에서 짧은뜨기와 무늬뜨기로 나눠 왕복뜨기로 19단을 뜬다. 계속해서 짧은뜨기 원통뜨기로 6단을 뜬다.
- 벨트는 사슬 40코로 시작코를 만들어서 짧은뜨기로 5단을 뜬다.
- 마무리 방법을 참조해서 하나로 합친다.

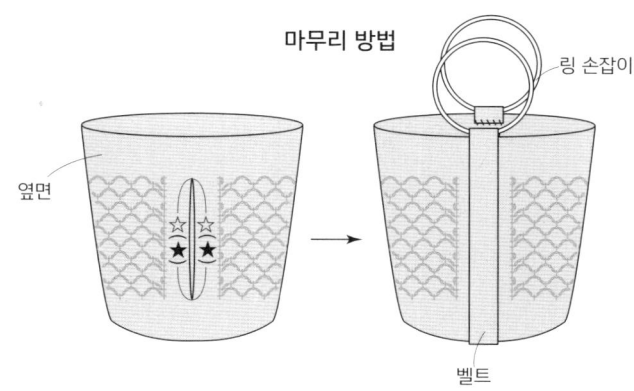

① 옆면1과 옆면2의 ☆과 ☆, ★과 ★은 떠 올려서 잇기로 합친다
② 벨트는 옆면의 벨트 다는 위치에 박음질해서 고정한다
   링 손잡이를 벨트에 끼워 넣고 옆면의 안쪽에 꿰매 단다

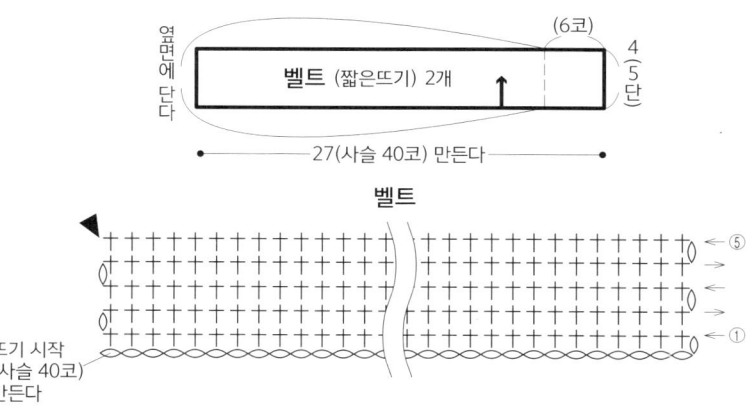

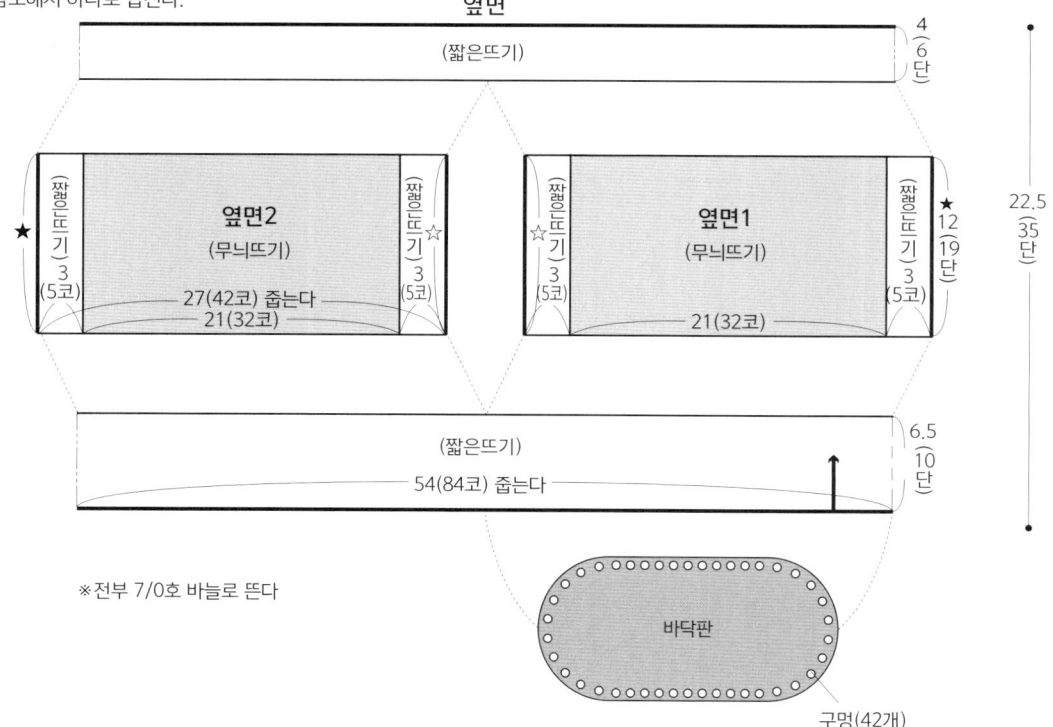

※전부 7/0호 바늘로 뜨다

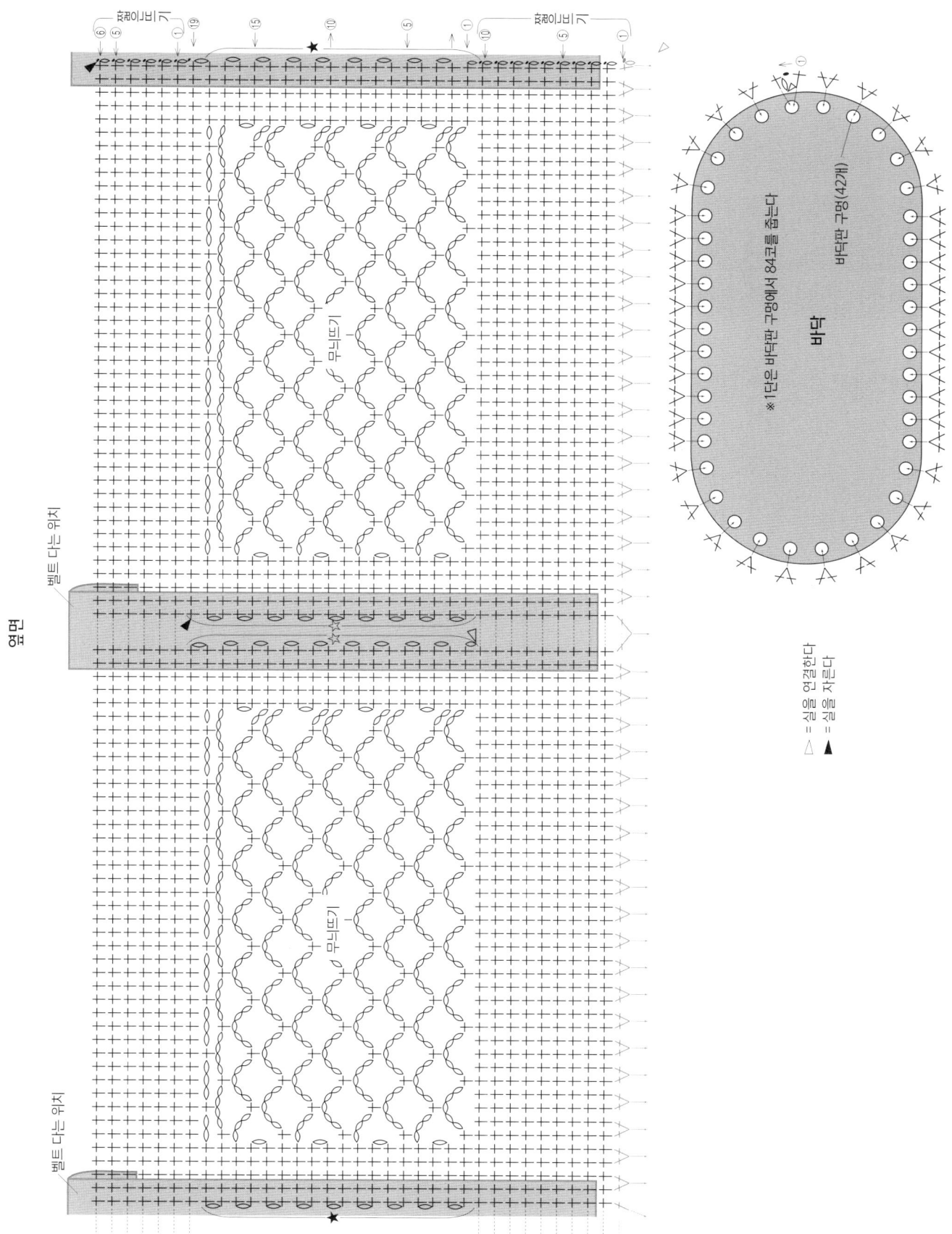

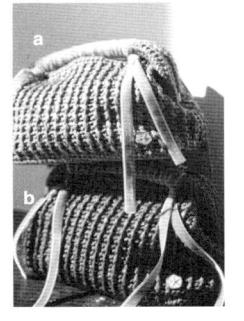

№.12 New Frame

see : p.24

뉴 프레임

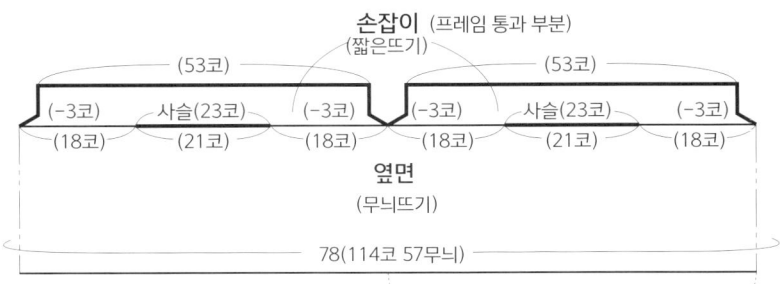

재료와 도구
a / 퍼피 리피 올리브(765) 210g, 폭 12mm 벨루어 리본(베이지) 5m
b / 퍼피 리비 블랙(757) 210g, 폭 12mm 벨루어 리본(그레이) 5m
〈공통〉 23cm×14cm 플라스틱 바닥판 1장, 재스민 알루미늄 스프링 프레임(JS1224)(24cm, 실버) 1개, 장식단추 1개, 코바늘 7/0호

완성 치수
폭 24cm 높이 16cm(손잡이 미포함)

게이지
10cm×10cm 무늬뜨기 14.5코×17단

뜨는 방법 포인트
● 바닥은 2장을 뜬다. 사슬 16코로 시작코를 만들어서 뜨기 시작하고 도안을 참조하여 콧수를 늘려가며 짧은뜨기로 11단을 뜬다(바닥 뜨는 방법 참조).
● 옆면은 바닥 2장 사이에 바닥판을 끼워서 겹친 부분에서 코를 주워서 무늬뜨기로 27단을 뜬다. 손잡이는 짧은뜨기로 8단을 뜬다.
● 마무리 방법을 참조해서 각 부분을 합친다(44, 45쪽 참조).

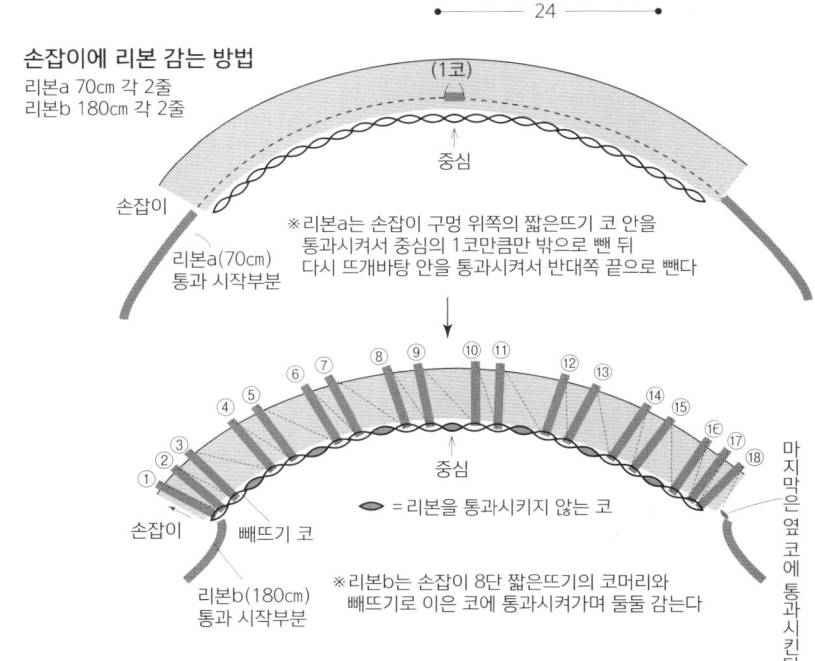

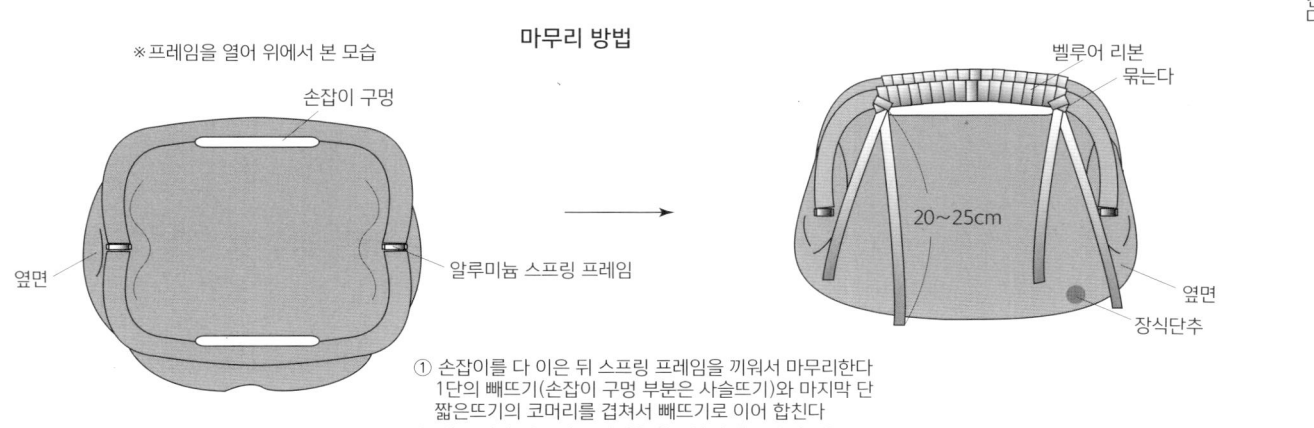

① 손잡이를 다 이은 뒤 스프링 프레임을 끼워서 마무리한다
1단의 빼뜨기(손잡이 구멍 부분은 사슬뜨기)와 마지막 단 짧은뜨기의 코머리를 겹쳐서 빼뜨기로 이어 합친다
② 위 그림의 리본 감는 방법을 참조하여 벨루어 리본을
①의 손잡이 위쪽에서 감는다
통과시킨 리본a, b를 한 번 묶는다
③ 장식단추를 원하는 위치에 꿰매 단다

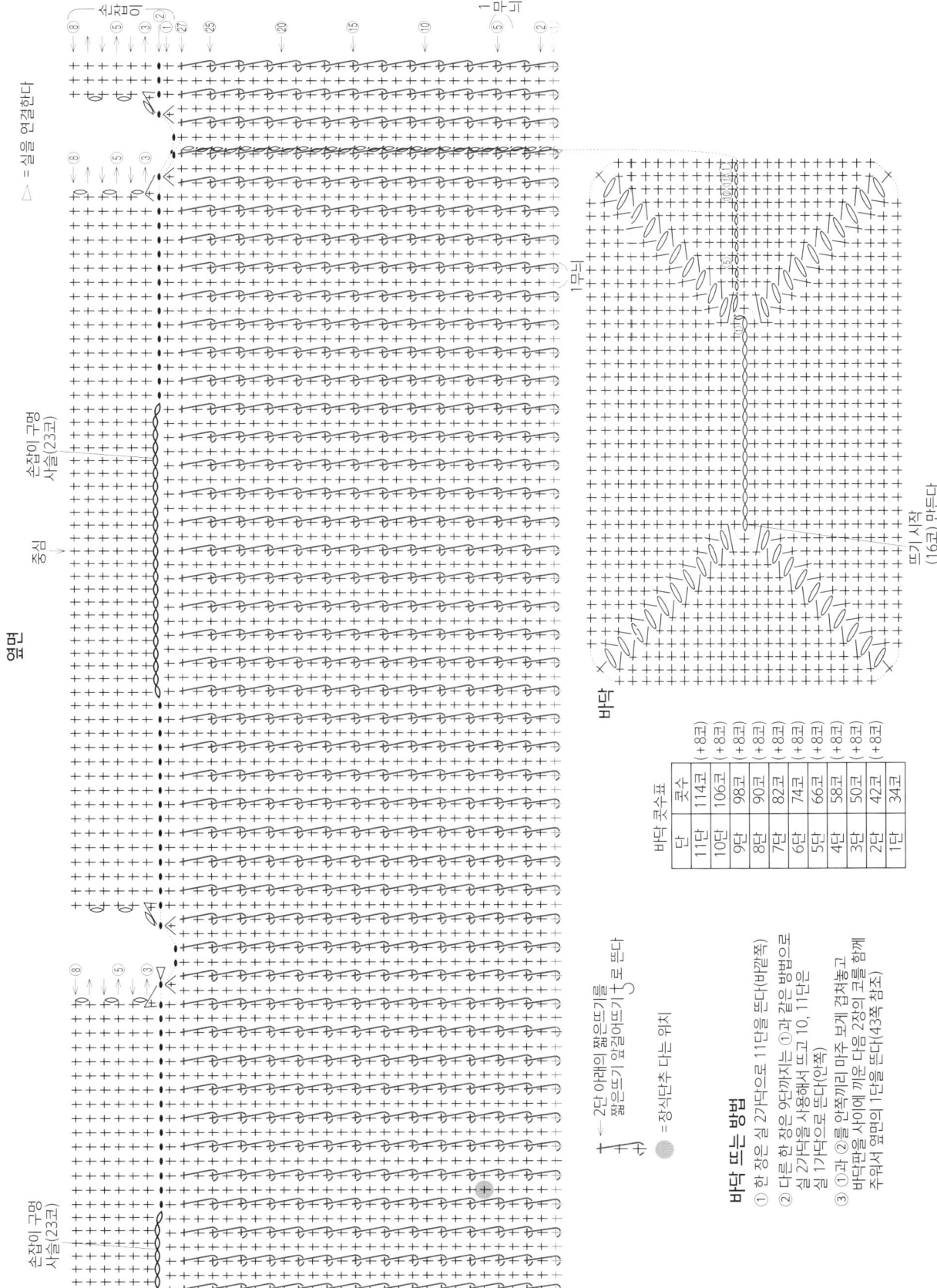

№.13 Collon
see : p.26

콜론

재료와 도구
a / 퍼피 리피 브라운(753) 35g
b / 퍼피 리피 내추럴(761) 35g
c / 퍼피 리피 올리브(765) 35g
〈공통〉 D링(10mm, 골드) 2개, 코일후크(베이지) 1세트, 쓰노다쇼텐 양쪽 개고리가 달린 체인(120cm, 골드)(K112G) 1줄, 장식단추 1개, 코바늘 5/0호

완성 치수
지름 18cm(손잡이 미포함)

게이지 도안 참조

뜨는 방법 포인트
- 본체는 원형뜨기 시작코로 뜨기 시작하고 도안을 참조해서 콧수를 늘려가며 무늬뜨기로 6단을 뜬다. 본체 2장을 떠서 안쪽끼리 마주 보게 겹쳐놓고 ☆ 부분을 떠 올려서 잇기로 합친다.
- 마무리 방법을 참조해서 각각의 부분을 본체에 꿰매 단다.

마무리 방법

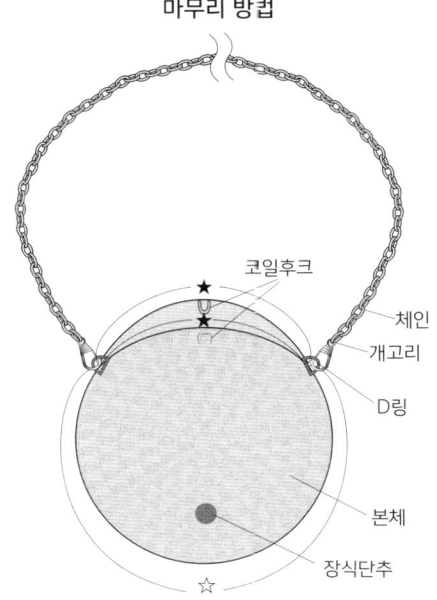

① 본체 2장은 안쪽끼리 마주 보게 한 상태에서 겹치고 ☆ 부분을 떠 올려서 잇기도 합친다
② D링은 입구의 양끝에 꿰매 단다
③ 코일후크는 지정한 위치의 안쪽에 각각 꿰매 단다
④ 장식단추는 본체의 지정한 위치 앞쪽에만 꿰매 단다
⑤ ②에서 단 D링에 개고리가·달린 체인을 연결한다

본체 (무늬뜨기) 2장

※전부 5/0호 바늘로 뜬다

본체

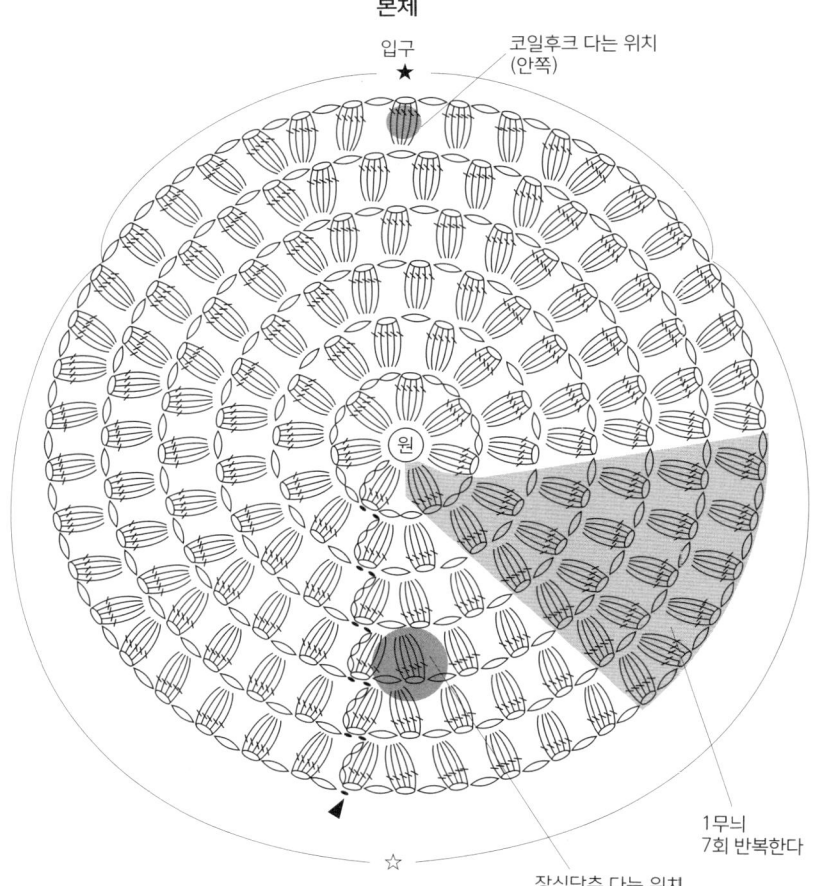

1무늬 7회 반복한다
장식단추 다는 위치

= 한길긴뜨기 5코구슬뜨기(사슬을 한꺼번에 줍는다)

▶ = 실을 자른다

D링 다는 방법

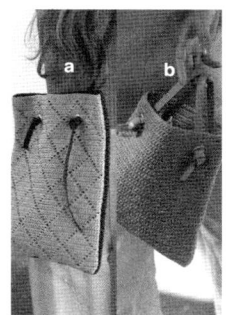

№.14, 15 Filligra, Filligra Petit

see : **p.28**

필리그라, 필리그라 프티

재료와 도구
a / 메르헨아트 마닐라헴프사 블랙(510) 90g, 스트로(507) 85g, 아일렛(안지름 12mm, 골드) 4세트, 가죽끈(폭 10mm, 검정) 150cm
b / 메르헨아트 마닐라헴프사 튀르쿠아즈(530) 50g, 스트로(507) 45g, 아일렛(안지름 12mm, 골드) 4세트, 가죽끈(폭 10mm, 갈색) 105cm, 코일후크(베이지) 1세트
〈공통〉 코바늘 5/0호·4/0호

완성 치수
a / 폭 29cm 높이 34.5cm
b / 폭 22cm 높이 23.5cm

게이지
10cm×10cm 짧은뜨기 20.5코×20단, 무늬뜨기 22코×20단(5/0호)

뜨는 방법 포인트
● 본체는 코바늘 5/0호를 사용해서 스트로 색상으로 사슬뜨기 시작코를 만들고 4/0호 바늘로 사슬 반코와 코산을 주워서 짧은뜨기 2단을 뜬다. 바늘을 5/0호로 바꾸고 도안을 참조해서 무늬뜨기로 뜬다. 지정한 위치에는 아일렛용 구멍을 만든다. 뜨기 끝 부분은 실을 자르지 않고 그대로 둔다.
● 시작코 사슬의 나머지 반코를 주워서 짧은뜨기 쪽을 뜬다. 4/0호 바늘로 전체 코를 주워서 2단까지 뜨고 나면 바늘을 5/0호 바늘로 바꿔서 지정한 콧수만큼 줄이고 도안을 참조하여 아일렛용 구멍을 만들어가며 뜬다. 뜨기 끝부분의 실은 자르지 않고 그대로 둔다.
● 본체를 겉쪽끼리 마주 보게 겹쳐놓고 마무리 방법 그림을 참조하여 남겨놓은 실로 합쳐서 아일렛을 달고 가죽끈을 끼운다. b는 코일후크를 꿰매 단다.

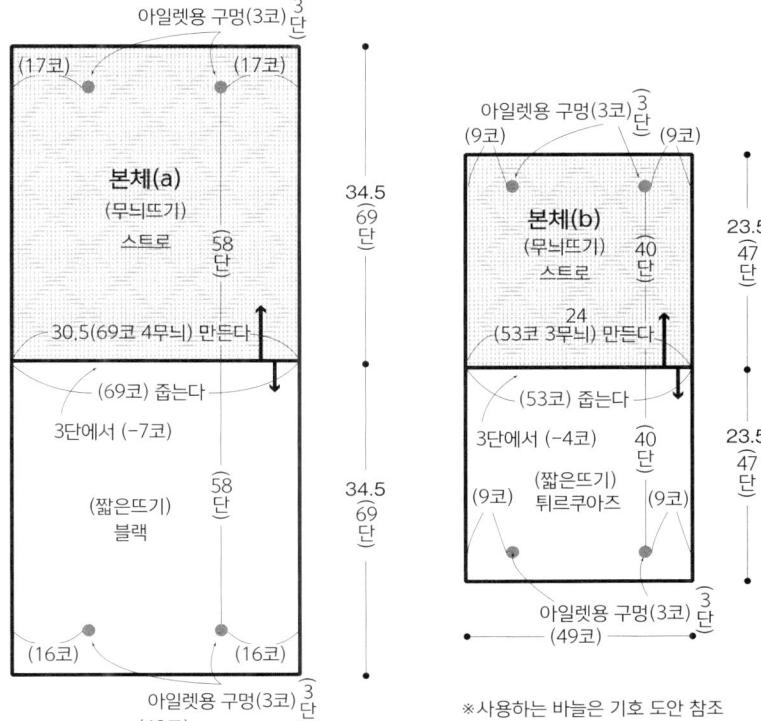

마무리 방법

① 본체를 겉쪽끼리 마주 보게 겹쳐놓고 겹친 양옆을 빼뜨기한다
② 뜨개바탕을 겉쪽이 보이게 뒤집어서 아일렛을 아일렛용 구멍에 단다
③ 가죽끈도 끼워서 묶는다
④ b는 입구 안쪽에 코일후크를 꿰매 단다

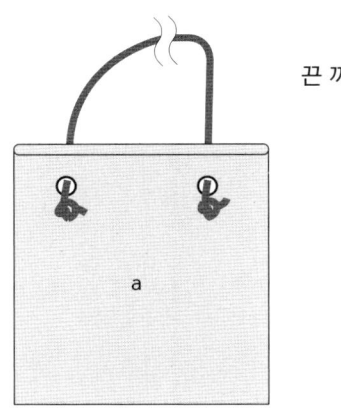

끈 끼우는 방법

● 뜨는 방법은 p. 78로 이어집니다

● p. 77 필리그라, 필리그라 프티 뜨개 도안

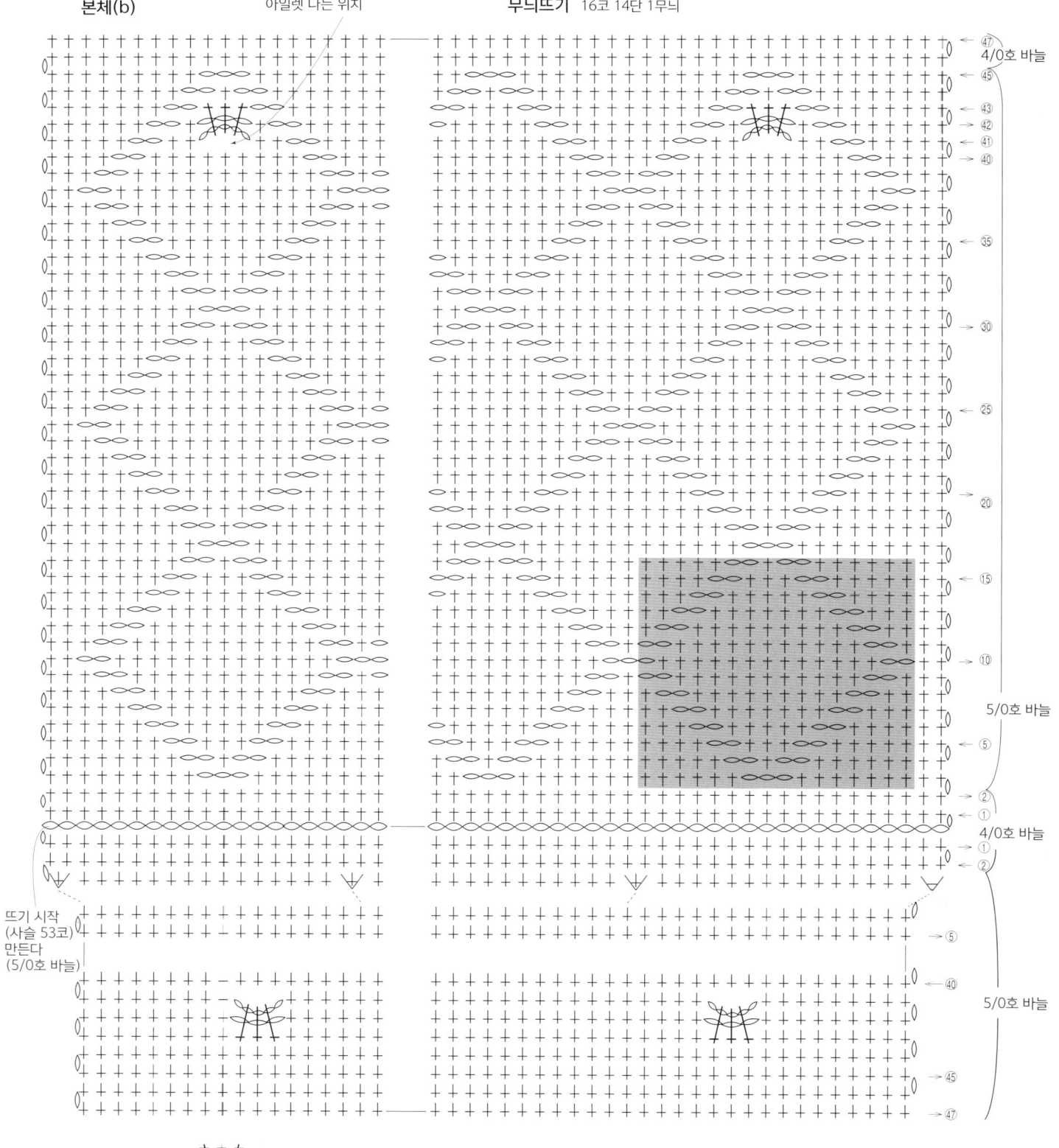

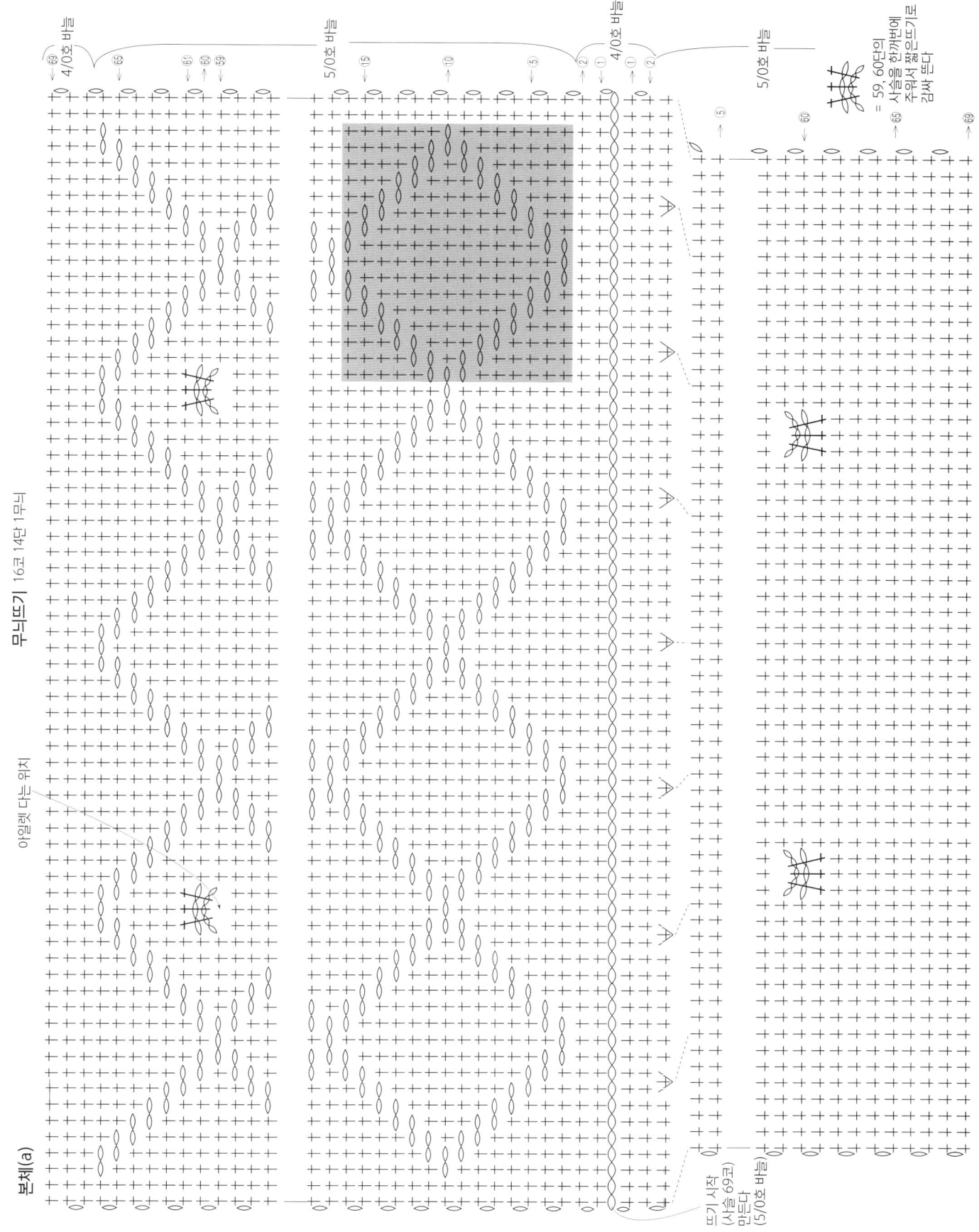

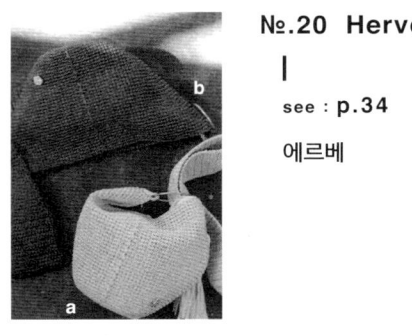

№.20 Herve

see : p.34

에르베

재료와 도구
a / 퍼피 리피 내추럴(761) 220g
b / 퍼피 리피 블랙(757) 220g
〈공통〉 지름 11.5cm 바닥판 1장, 오링(안지름 60mm, 골드) 1개, 지퍼(40cm) 1개, 장식단추 1개, 코바늘 5/0호·6/0호

완성 치수 폭 45cm 높이 23cm

게이지 10cm×10cm 무늬뜨기 16.5코×17단

뜨는 방법 포인트
실은 지정한 부분 외에는 2가닥으로 뜬다.
- 바닥은 2장을 뜬다. 원형뜨기 시작코로 뜨기 시작해서 도안을 참조하여 콧수를 늘려가며 짧은뜨기로 10단을 뜬다(바닥 뜨는 방법 참조).
- 옆면은 바닥 2장 사이에 바닥판을 끼워 넣고 겹친 부분에서 코를 주워 무늬뜨기로 40단을 뜬다.
- 손잡이는 사슬 13코로 시작코를 만들어 뜨기 시작해서 짧은뜨기로 콧수를 늘려가며 113단을 뜬다. 양쪽 가장자리에 짧은뜨기를 한 번씩 뜬다. 손잡이의 마무리 방법을 참조해서 프린지를 26군데에 단다.
- 탭은 사슬 10코로 시작코를 만들어 뜨기 시작해서 짧은뜨기로 3단을 뜬다. 마무리 방법을 참조해서 각 부분을 하나로 합친다.

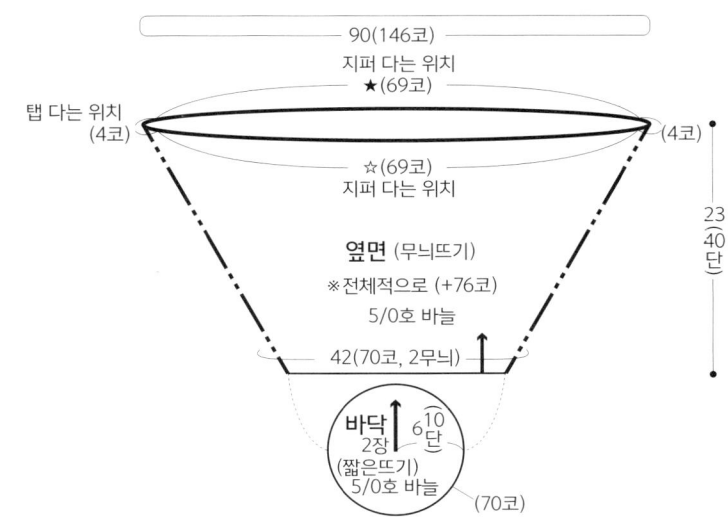

바닥 콧수표	
단	콧수
10단	70코 (+7코)
9단	63코 (+7코)
8단	56코 (+7코)
7단	49코 (+7코)
6단	42코 (+7코)
5단	35코 (+7코)
4단	28코 (+7코)
3단	21코 (+7코)
2단	14코 (+7코)
1단	7코

바닥

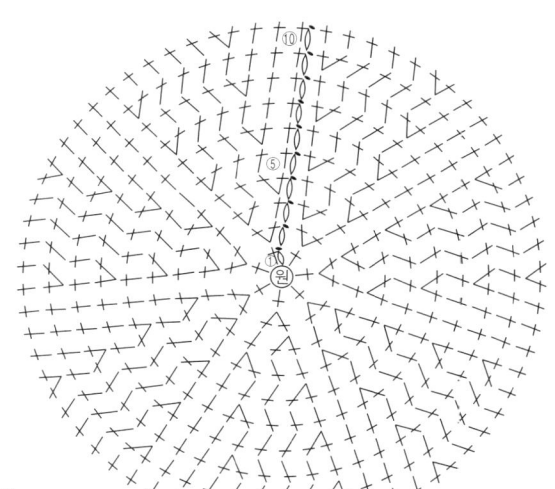

바닥 뜨는 방법
① 한 장은 실 2가닥으로 10단을 뜬다(바깥쪽)
② 다른 한 장은 8단까지 ①과 같은 방법으로 실 2가닥을 사용해서 뜨고 9, 10단은 실 1가닥으로 뜬다(안쪽)
③ ①과 ②를 안쪽끼리 마주 보게 겹쳐놓고 바닥판을 사이에 끼워 넣은 다음 2장의 코를 함께 주워서 옆면의 1단을 뜬다(43쪽 참조)

마무리 방법

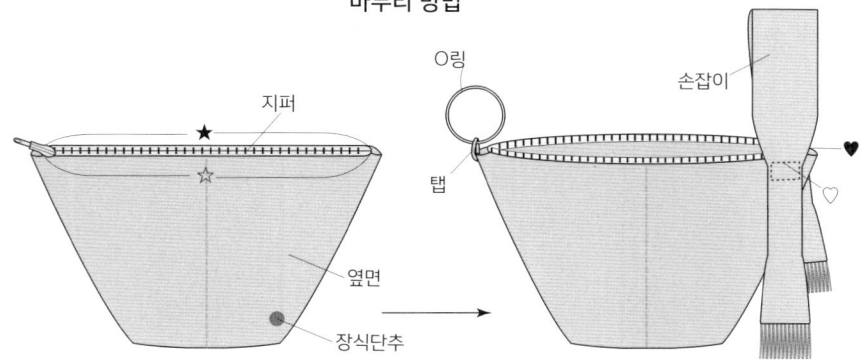

① 지퍼는 옆면 39단 안쪽의 ☆과 ★의 위치에 꿰매 단다
② 장식단추는 지정한 위치에 꿰매 단다
③ 손잡이는 옆면의 지정한 위치(♡, ♥)에 꿰매 단다
④ 오링을 끼운 탭을 반으로 접어서 옆면의 지정한 위치에 바깥쪽과 안쪽이 걸쳐지게 꿰매 단다.

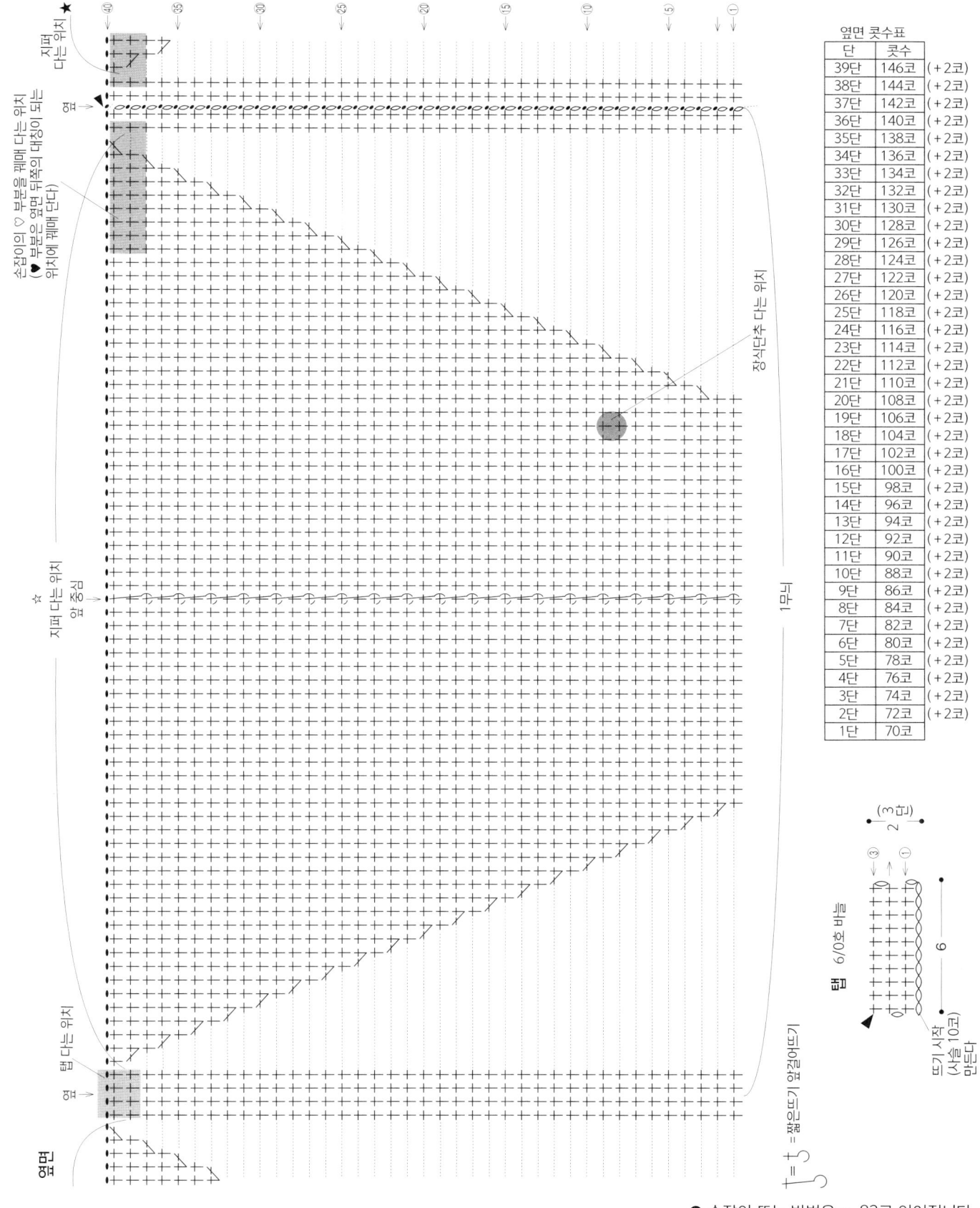

● 손잡이 뜨는 방법은 p. 82로 이어집니다

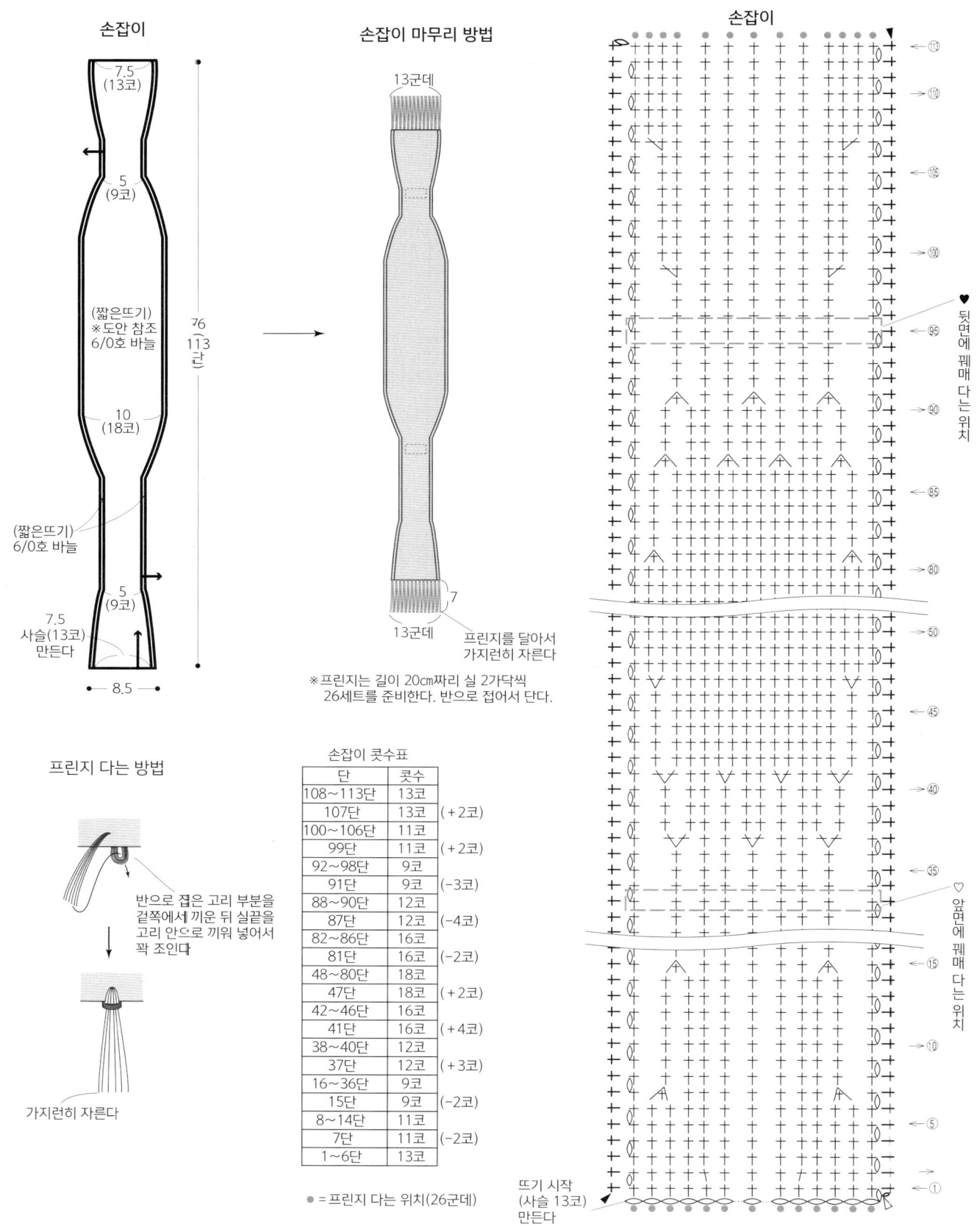

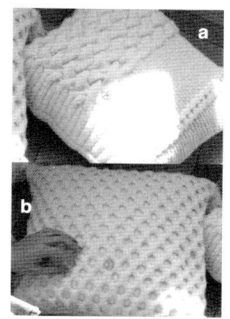

№.16, 17 Diamond, Bloom

see : p.30

다이아몬드, 블룸

재료와 도구

a / 스키얀 셰리 순모극태사 에크루(3001) 430g, 단추 25mm 3개, 장식단추 1개, 대바늘 10호·11호·13호, 꽈배기바늘, 코바늘 7/0호

b / 스키얀 셰리 순모극태사 에크루(3001) 440g, 단추 25mm 3개, 장식단추 1개, 대바늘 8호·10호·11호, 꽈배기바늘, 코바늘 5/0호·6/0호

완성 치수 42cm×42cm

게이지

10cm×10cm 무늬뜨기A, B 24.5코×24단(13호 대바늘), 무늬뜨기C 29코×24단(8호 대바늘)

10cm×10cm 메리야스뜨기 17코×22단(11호 대바늘)

뜨는 방법 포인트

- 앞면 a는 손가락에 실을 걸어서 시작코를 만들고 도안을 참조하여 2코고무뜨기로 18단, 바늘을 바꿔서 무늬뜨기A, B와 가터뜨기로 80단을 뜬다. b는 6/0호 코바늘을 사용해서 사슬뜨기를 이용하는 대바늘 시작코를 만들고 무늬뜨기C로 100단을 뜬다. 뜨기 끝부분의 경우 a는 7/0호 코바늘, b는 5/0호 코바늘로 빼뜨기한다. 뒷면은 a와 같은 방법으로 시작코 72코를 만든다. 도안을 참조해서 2코고무뜨기로 14단, 메리야스뜨기로 40단을 뜨고, 뜨기 끝부분은 덮어씌워 코막음한다. 뒷면 2장 중 1장에는 단춧구멍을 만들어가며 뜬다.
- 마무리 방법 그림을 참조해서 겉쪽끼리 마주 보게 겹쳐놓고 빼뜨기로 앞면과 뒷면을 연결한다. 태슬 4개를 만들어서 모서리에 단다. 단추를 달면 완성.

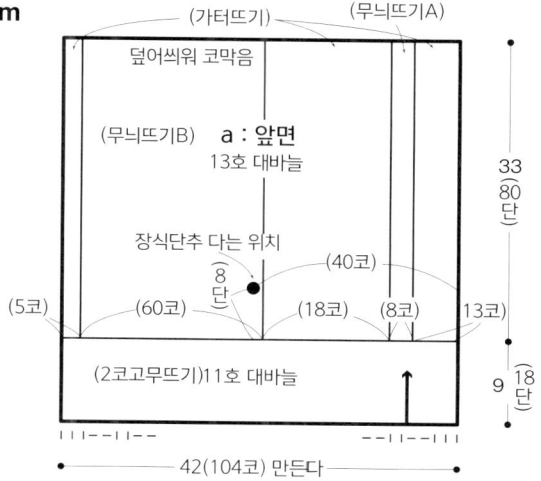

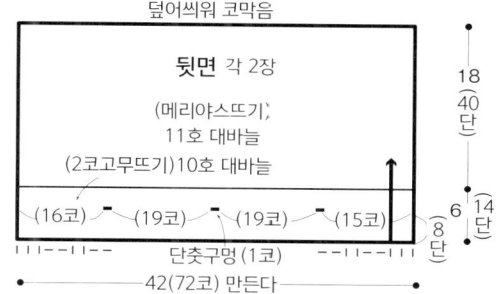

※단춧구멍은 1장에만 만든다

마무리 방법

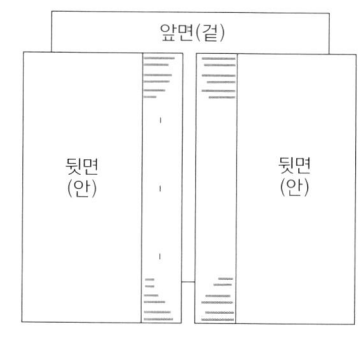

① 겉쪽끼리 마주 보게 겹쳐놓고 빼뜨기로 합친다 콧수와 단수가 다르므로 임시로 고정해가며 빼뜨기하면 좋다 (고무뜨기 부분은 단춧구멍을 만든 쪽이 안쪽이 되게 겹친다)

태슬 만드는 방법

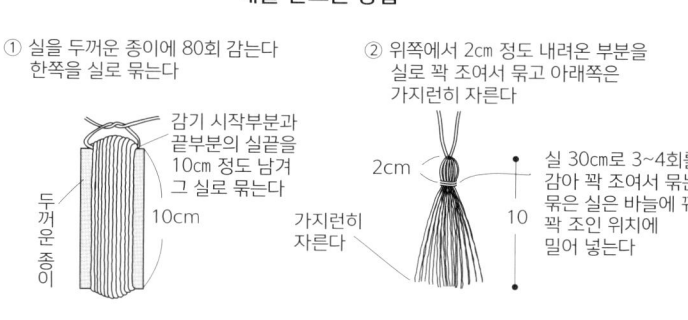

① 실을 두꺼운 종이에 80회 감는다 한쪽을 실로 묶는다

감기 시작부분과 끝부분의 실끝을 10cm 정도 남겨 그 실로 묶는다

② 위쪽에서 2cm 정도 내려온 부분을 실로 꽉 조여서 묶고 아래쪽은 가지런히 자른다

실 30cm로 3~4회를 감아 꽉 조여서 묶는다 묶은 실은 바늘에 꿰어 꽉 조인 위치에 밀어 넣는다

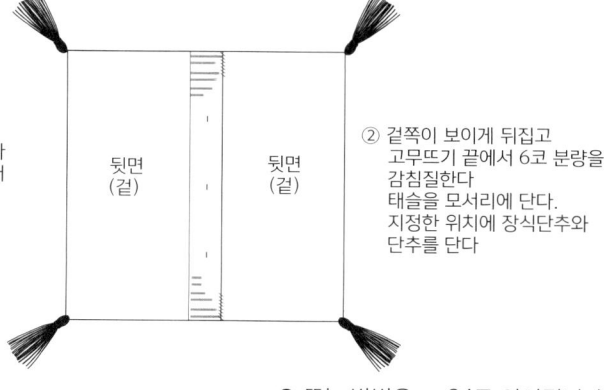

② 겉쪽이 보이게 뒤집고 고무뜨기 끝에서 6코 분량을 감침질한다 태슬을 모서리에 단다. 지정한 위치에 장식단추와 단추를 단다

● 뜨는 방법은 p. 84로 이어집니다

● p. 83 다이아몬드, 블룸 뜨개 도안

※무늬뜨기B의 빼뜨기는 교차뜨기의 위쪽이 된다
5코 아래쪽에 5코를 겹쳐서 빼뜨기한다

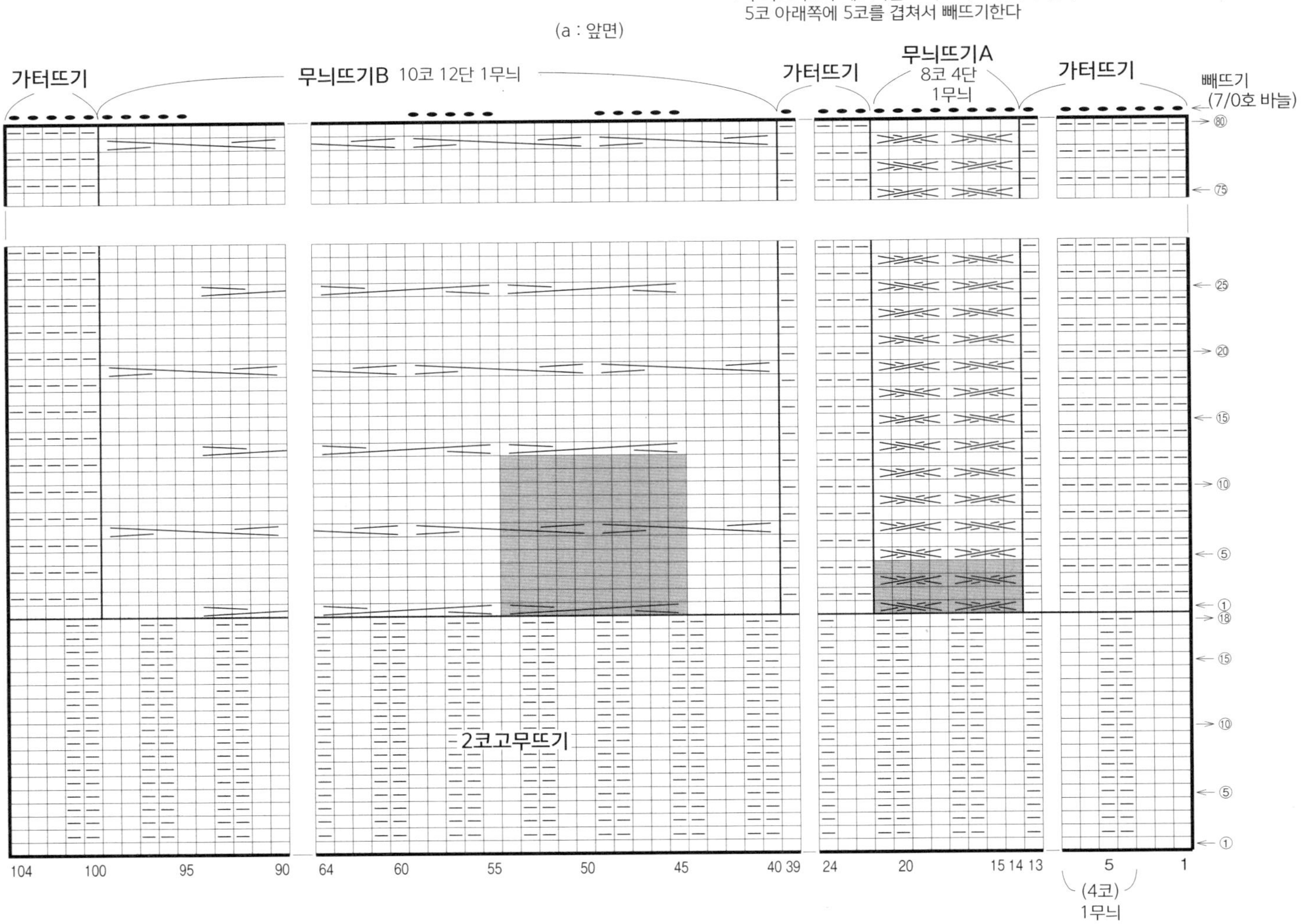

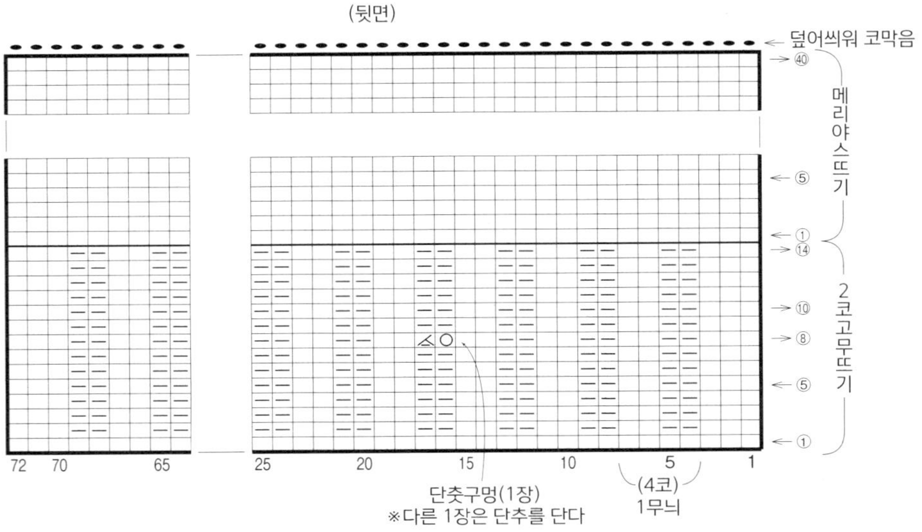

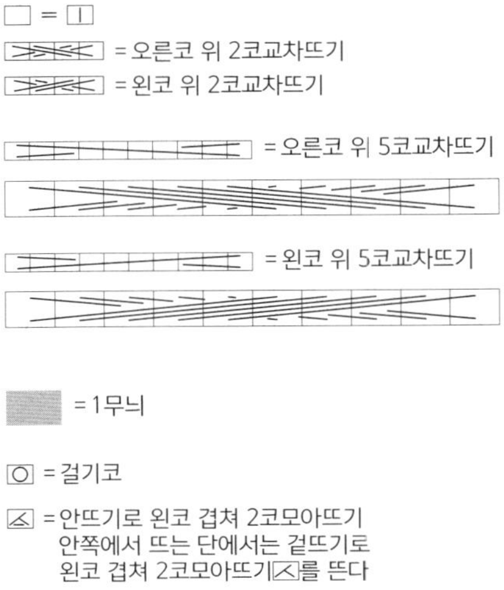

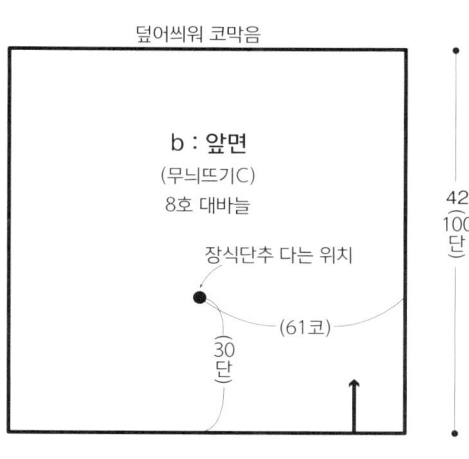

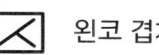
왼코 겹쳐 2코모아뜨기(겉뜨기)

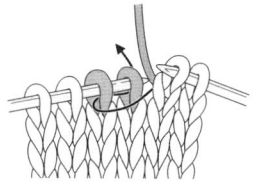

1 2코에 바늘을 왼쪽으로 한 번에 넣어서 겉뜨기를 뜬다.

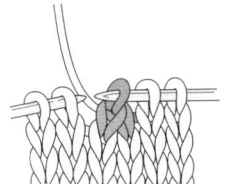

2 겉뜨기의 왼코 겹쳐 2코모아뜨기 완성.

걸기코

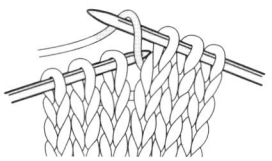

1 바늘에 실을 앞쪽에서 뒤쪽으로 걸어서 다음 코를 뜬다.

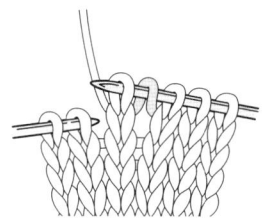

2 걸기코 1코 완성.

무늬뜨기C (b : 앞면)

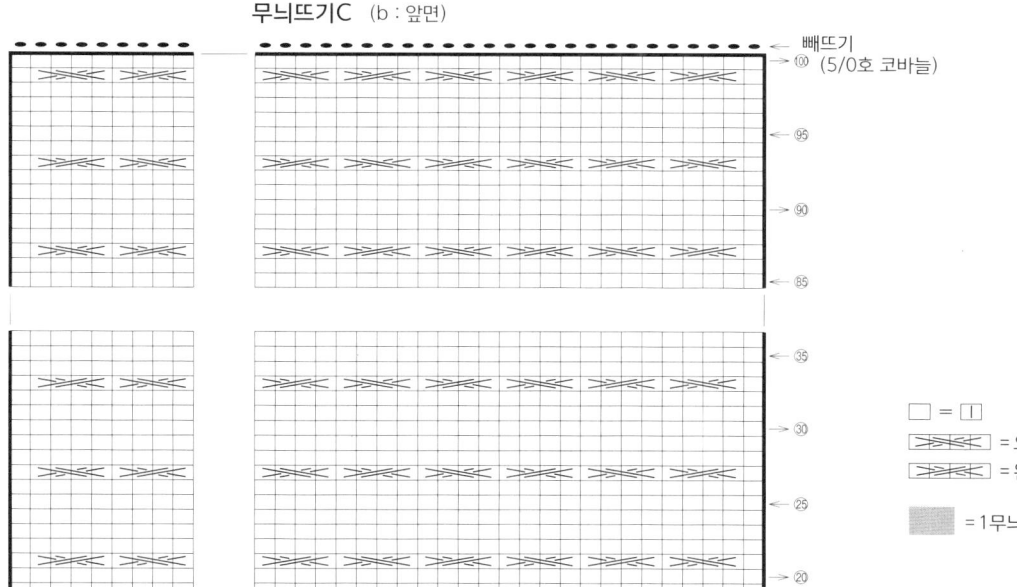

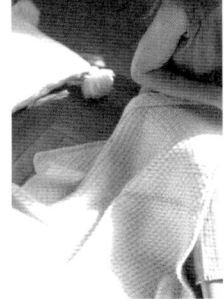

№.18 Atsuko's Blanket
see : p.31

아쓰코 블랭킷

재료와 도구
스키얀 셰리 순모극태사 에크루(3001) 680g, 대바늘 11호, 코바늘 7/0호

완성 치수 80cm×80cm

게이지 10cm×10cm 무늬뜨기 21코×22.5단(11호 대바늘)

뜨는 방법 포인트
- 손가락에 걸어서 만드는 시작코로 169코를 만들고 도안을 참조해서 무늬뜨기로 180단을 뜬다. 뜨기 끝부분은 덮어씌워 코막음한다.
- 덮어씌워 코막음에 이어서 코바늘 7/0호를 사용해 가장자리뜨기 2단을 떠서 마무리한다.

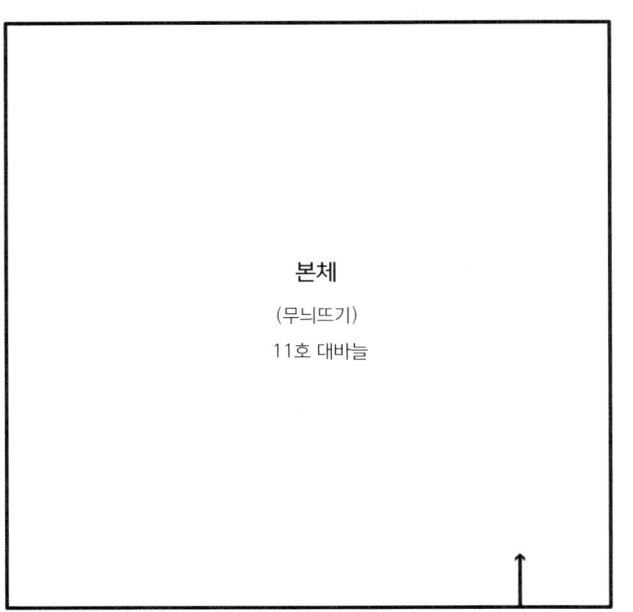

본체
(무늬뜨기)
11호 대바늘

80
(180단)

80(169코) 만든다

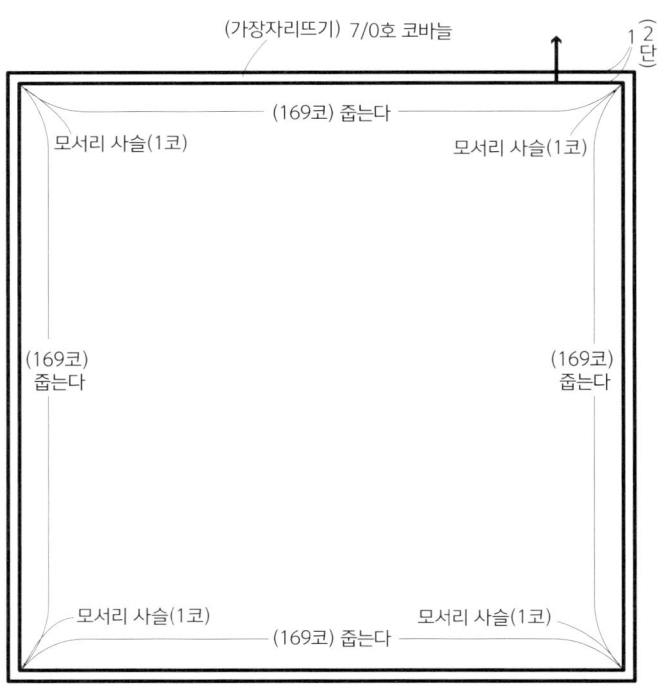

(가장자리뜨기) 7/0호 코바늘
1 2 단
(169코) 줍는다
모서리 사슬(1코)   모서리 사슬(1코)
(169코) 줍는다   (169코) 줍는다
모서리 사슬(1코)   모서리 사슬(1코)
(169코) 줍는다

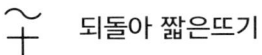 되돌아 짧은뜨기

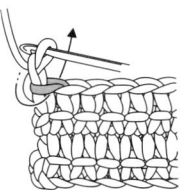

1 뜨개바탕의 뒤쪽은 그대로 두고 기둥코 사슬 1코를 떠서 화살표 방향으로 바늘을 움직여서 아랫단의 코머리에 넣는다.

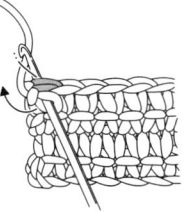

2 실 위쪽에서 바늘에 실을 걸고 그 상태로 실을 앞쪽으로 빼낸다.

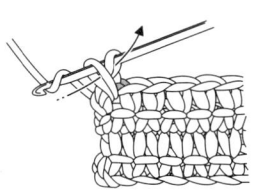

3 실을 바늘에 걸어서 화살표 방향으로 고리 2개를 한 번에 빼서 짧은뜨기한다.

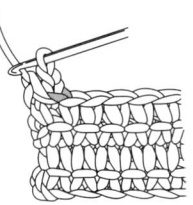

4 되돌아 짧은뜨기 완성.

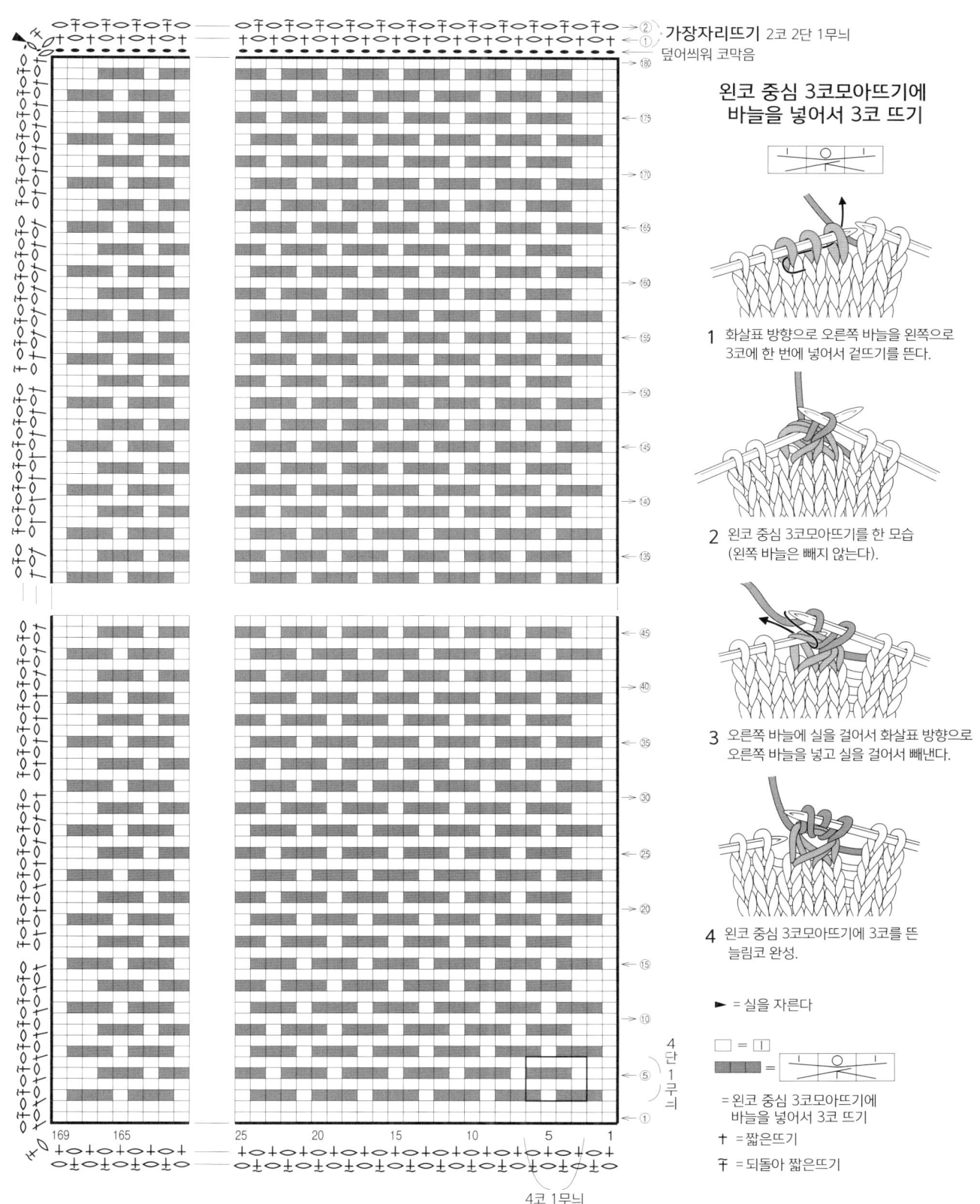

№.19 Trico

see : p.32

트리코

재료와 도구

a / 퍼피 리피 내추럴(761) 130g, 하마나카 루포 브라운(9) 55g
b / 퍼피 리피 연그레이(760) 130g, 하마나카 루포 실버그레이
  (2) 55g
〈공통〉 아일렛(안지름 8.5mm, 골드) 12개, 지름 4mm 구멍 2개짜리 끈 스토퍼(골드) 2개, 지름 3mm 가죽끈(베이지) 200cm, 장식단추 1개, 코바늘 6/0호

완성 치수 폭 25cm 높이 29cm

게이지 10cm×10cm 무늬뜨기 18코×11단

뜨는 방법 포인트

실은 지정한 부분 외에는 2가닥으로 뜬다.

- 본체는 퍼피 리피를 사용해 사슬 45코로 시작코를 만들고 도안을 참조해서 무늬뜨기로 32단을 뜬다.
- 지정한 위치에 하마나카 루포 실을 연결해서 빼뜨기를 뜬다. 13단을 뜨고 나면 실을 자른다.
- 손잡이는 뜨기 시작부분에 실 100cm를 남긴 뒤 사슬뜨기로 시작코를 만든다. 짧은뜨기로 32단을 떠서 실 100cm를 남기고 자른다. 손잡이는 2개를 뜬다. 마무리 방법을 참조해서 감침질하고 남겨놓은 실로 지정한 위치에 꿰매 단다.
- 지정한 위치에 아일렛을 달아서 가죽끈을 끼우고 장식단추를 원하는 위치에 꿰매 달아 마무리한다.

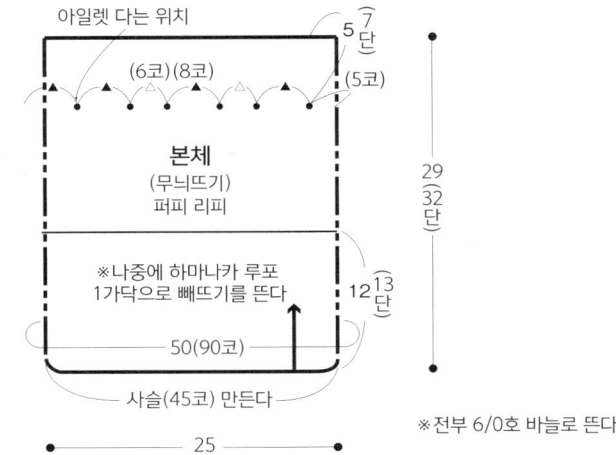

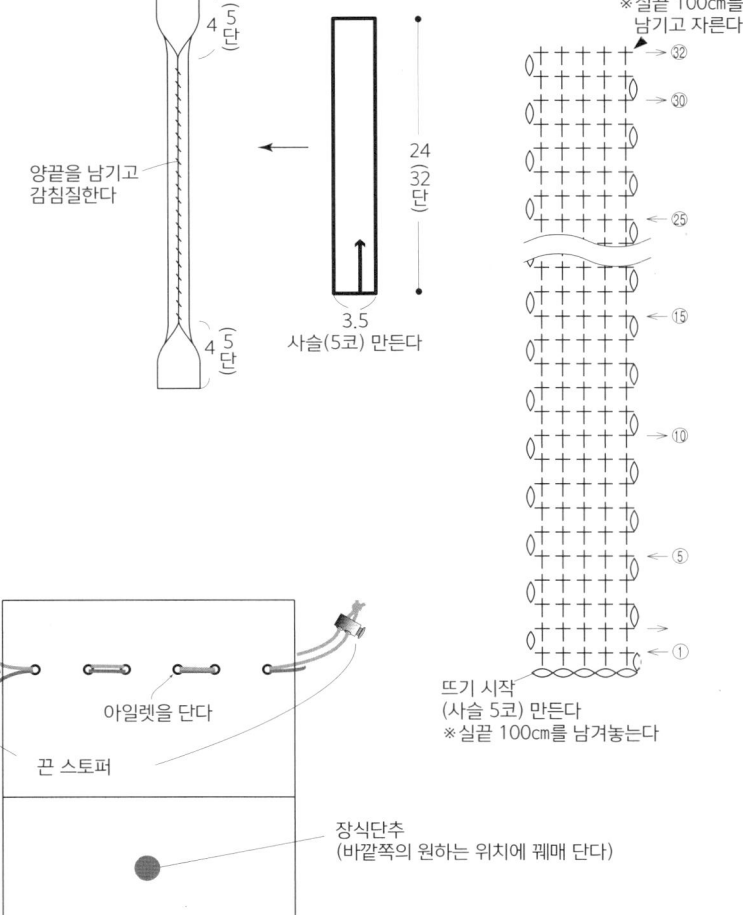

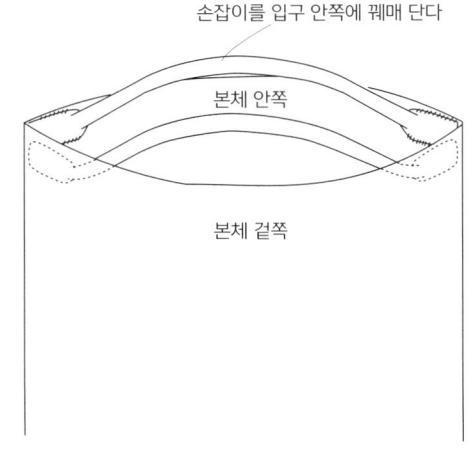

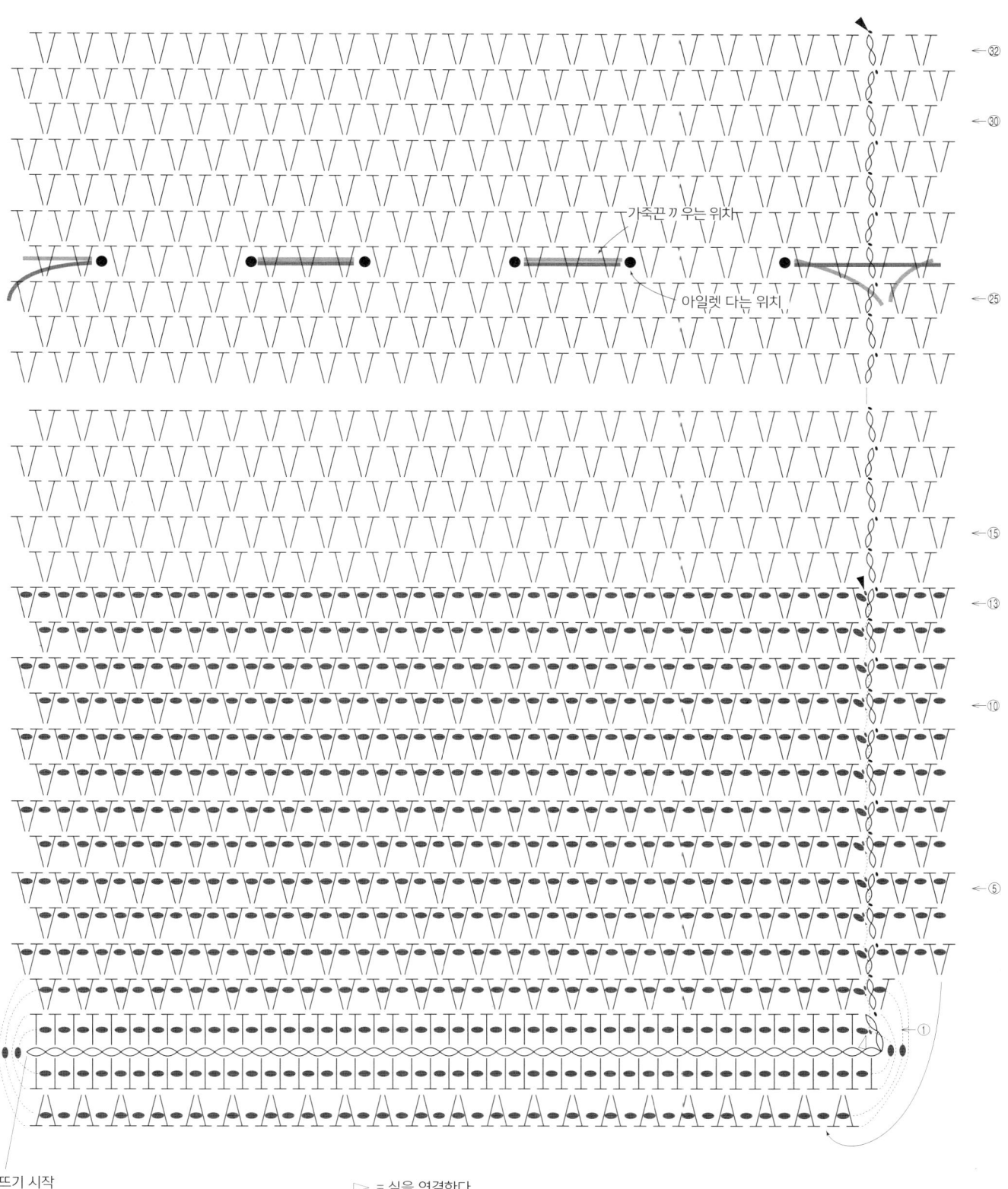

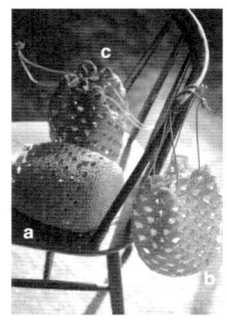

№.21 Pin

see : p.36

핀

재료와 도구
a / 다루마 사사와시 플랫 내추럴(101) 135g
b / 다루마 사사와시 플랫 베이지(102) 135g
c / 다루마 사사와시 플랫 브라운(104) 135g
〈공통〉 지름 3mm 가죽끈 180cm, 장식단추 1개, 코바늘 6/0호

완성 치수
폭 15cm 높이 23cm

게이지
10cm×10cm 무늬뜨기 2.8무늬×9.5단

뜨는 방법 포인트
실은 전부 2가닥으로 뜬다.
- 바닥은 원형뜨기 시작코로 뜨기 시작해서 도안을 참조하여 콧수를 늘려가며 짧은뜨기로 12단을 뜬다(바닥 뜨는 방법 참조).
- 옆면은 바닥에서 이어서 무늬뜨기로 22단을 뜬다.
- 끈은 도안을 참조해서 옆면 21단의 무늬 구멍에 2줄을 각각 끼워 넣는다. 끝을 한 번 묶는다.
- 지정한 위치에 장식단추를 꿰매 단다.

※전부 6/0호 바늘로 뜬다.

바닥

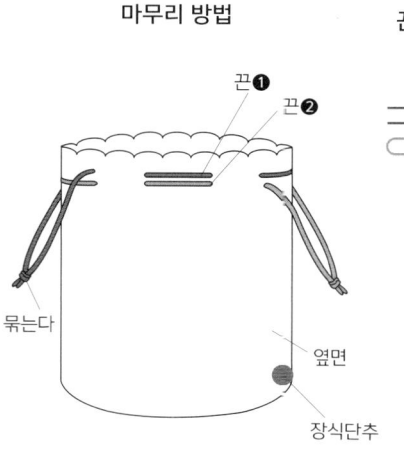

① 끈은 옆면 21단의 무늬 구멍에 2줄을 각각 끼워 넣고 끝을 한 번 묶는다
② 장식단추는 옆면의 지정한 위치에 꿰매 단다

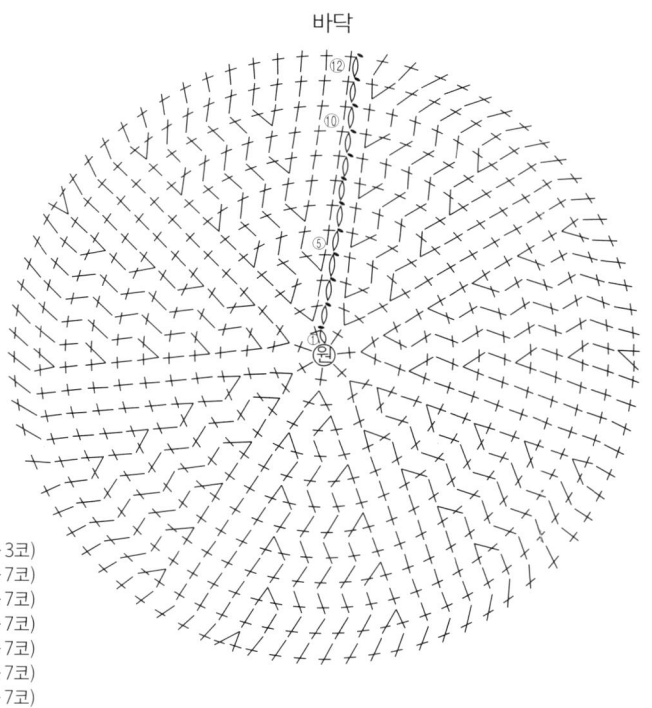

바닥 콧수표

단	콧수	
12단	80코	(+3코)
11단	77코	(+7코)
10단	70코	(+7코)
9단	63코	(+7코)
8단	56코	(+7코)
7단	49코	(+7코)
6단	42코	(+7코)
5단	35코	(+7코)
4단	28코	(+7코)
3단	21코	(+7코)
2단	14코	(+7코)
1단	7코	

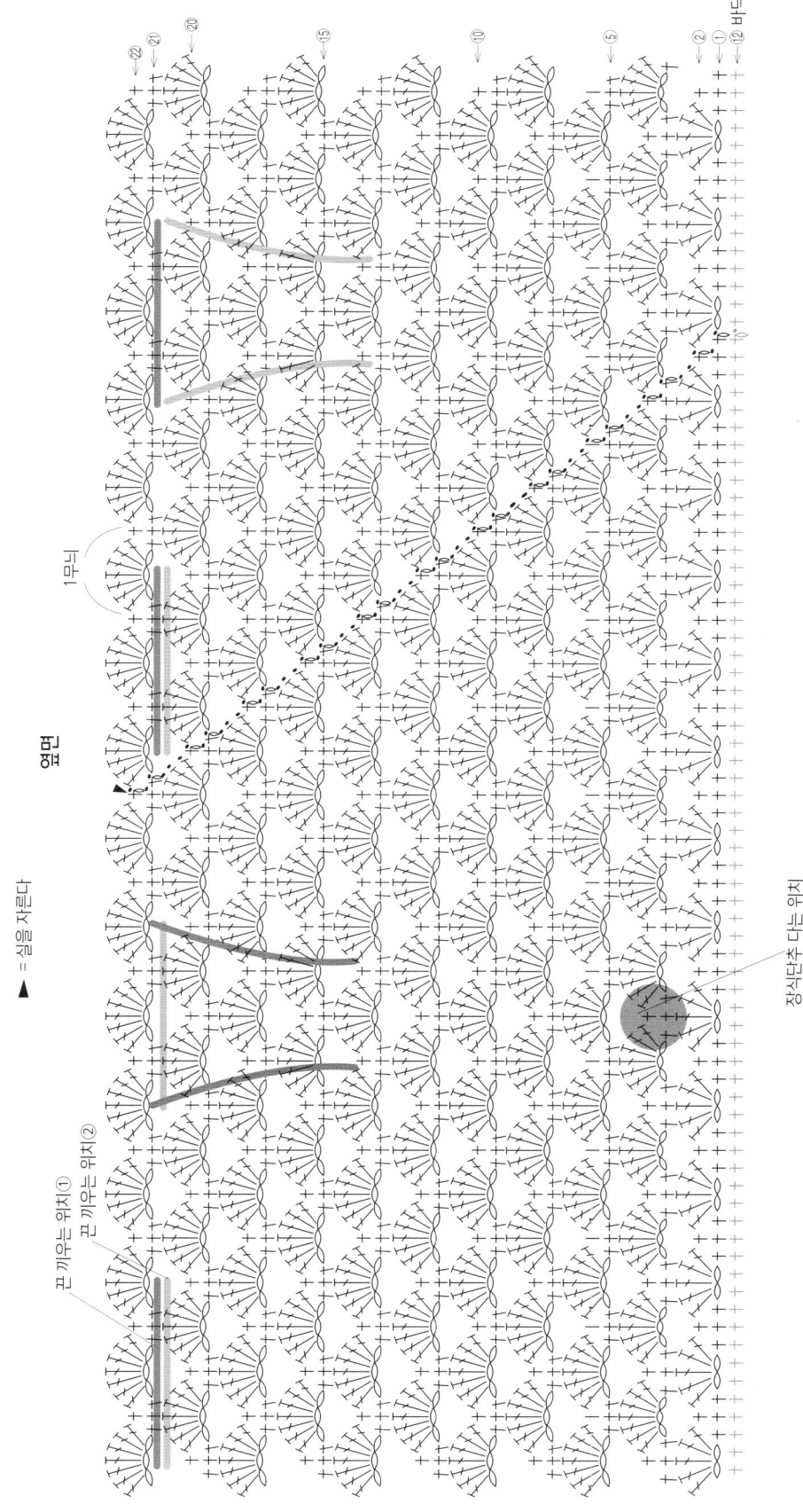

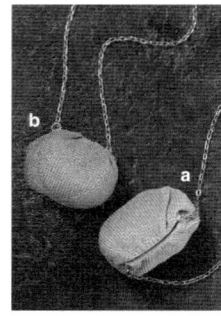

№.22 Smoa
see : p.38

스모아

재료와 도구
a / 하마나카 엠퍼러 실버(1) 35g, D링(실버, 10mm) 2개, 쓰노다 쇼텐 양쪽 개고리가 달린 체인(120cm, 니켈)(K112N) 1줄
b / 하마나카 엠퍼러 골드(3) 35g, D링(골드, 10mm) 2개, 쓰노다 쇼텐 양쪽 개고리가 달린 체인(120cm, 골드)(K112G) 1줄
〈공통〉 쓰노다쇼텐 9cm 프레임(니켈, 9cm 빗 모양 홈이 있는 지갑형 프레임)(F151N) 1개, 코바늘 3/0호

완성 치수
폭 15.5cm 높이 11cm

게이지
10cm×10cm 짧은뜨기 26코×28단

뜨는 방법 포인트
실은 전부 2가닥으로 뜬다.
- 바닥은 사슬 4코로 시작코를 만들고 도안을 참조해서 콧수를 늘려가며 짧은뜨기로 9단을 뜬다. 계속해서 옆면은 콧수를 늘려가며 28단을 뜬다. 도안을 참조하여 28단을 접어 겹쳐서 입구 2단을 뜬다. 뜨개바탕 안쪽을 겉쪽으로 사용하므로 안쪽이 보이게 뒤집어 놓는다. (실끝 처리는 겉쪽에서 한다)
- 프레임은 접착제를 발라서 옆면 쪽 입구의 ♡, ♥ 부분을 끼워 넣어 고정한다(42쪽 참조).
- D링은 옆면의 지정한 위치에 꿰매 달고 개고리가 달린 체인을 연결한다.

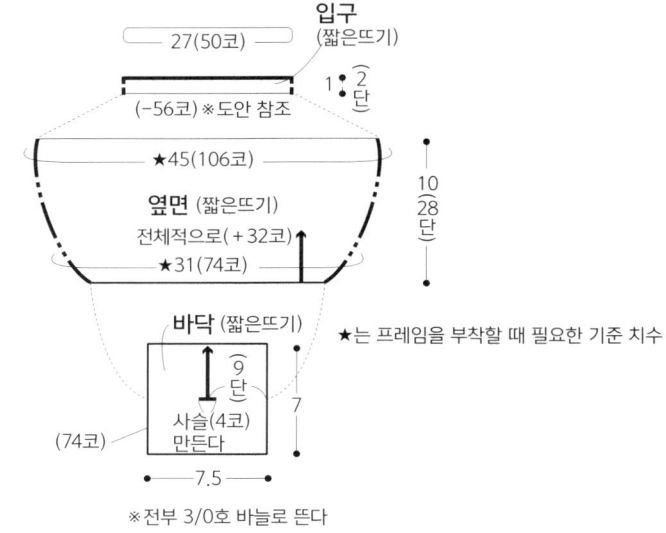

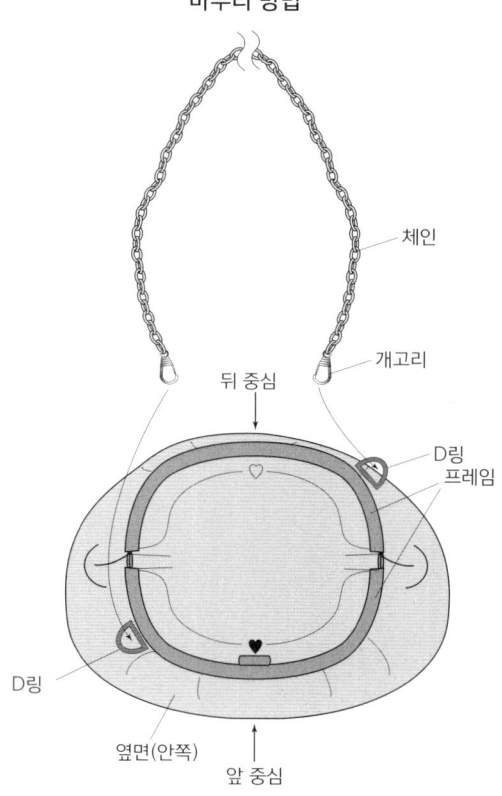

마무리 방법
① 바닥, 옆면은 안쪽이 보이게 뒤집고 접착제를 바른 프레임에 입구의 ♡, ♥ 부분을 끼워 넣는다(42쪽 참조).
② D링은 옆면의 지정한 위치에 꿰매 단다
③ ②에서 단 D링에 개고리가 달린 체인을 연결한다

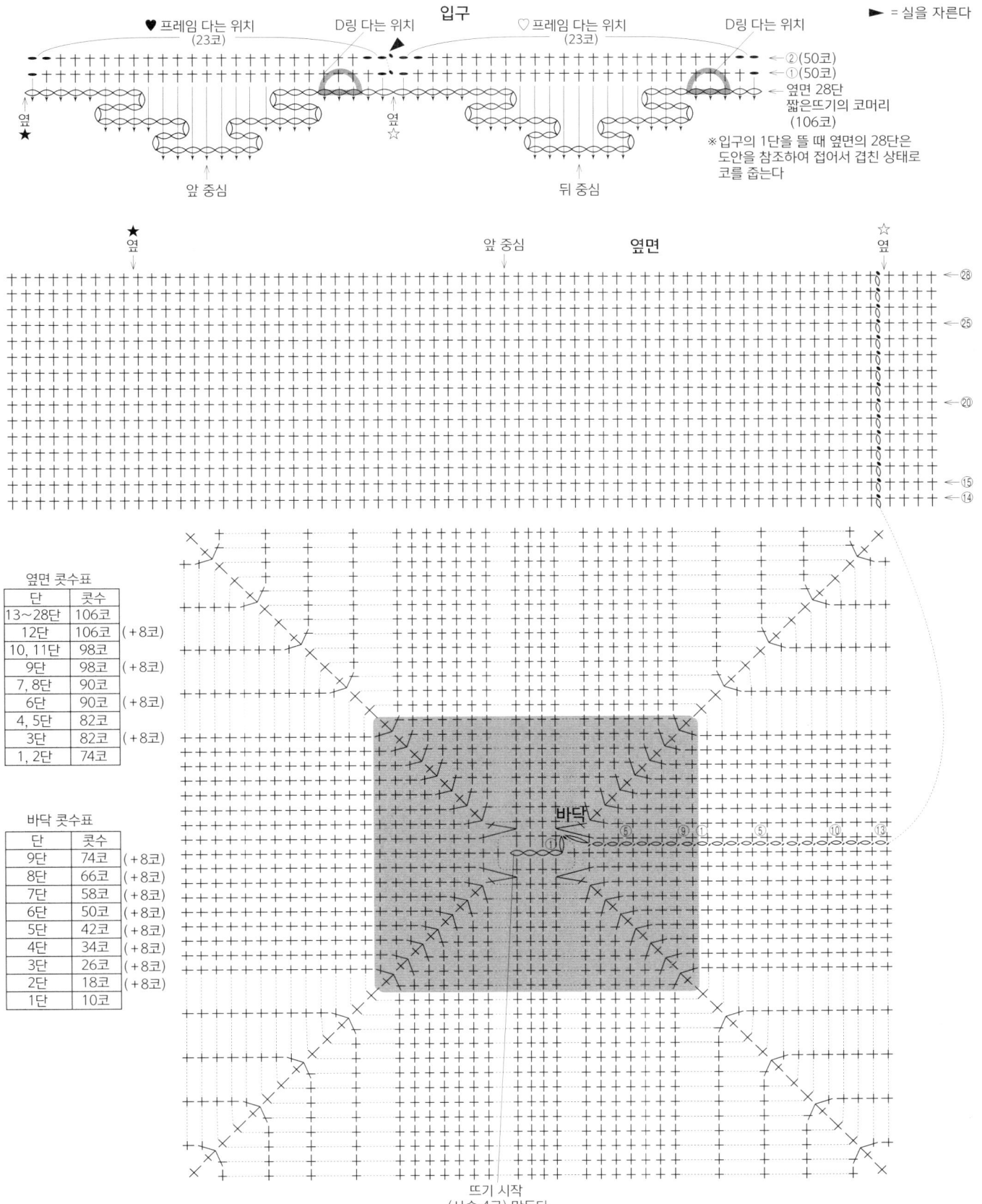

№.23 Hante

see : p.40

앙테

재료와 도구
다루마 멜란지슬러브 레이크블루(8) 330g, 하마나카 가죽 바닥판(원형, 지름 16cm, 구멍 48개)(H204-596-2) 1장, 메르헨아트 플라스틱 링(바깥지름 23cm, 투명)(MA2151) 2개, 움직이는 인형눈 스티커(지름 2.5cm) 1세트, D링(20mm, 골드) 2개, 개고리(8mm, 골드) 1개, 코바늘 7/0호

완성 치수
폭 28cm 둘레 66cm 높이 20cm(손잡이 미포함)

게이지
10cm×10cm 무늬뜨기 13코×14단

뜨는 방법 포인트
- 실은 전부 2가닥으로 뜬다.
- 옆면은 가죽 바닥판에서 코를 줍고 1단은 48코를 뜬 뒤, 2단에서 72코로 코를 늘려 뜬다. 도안을 참조하여 무늬뜨기로 29단까지 뜬다. 짧은링뜨기는 손가락 2개를 사용해서 링 둘레가 5cm가 되게 뜬다.
- 손잡이 연결고리는 사슬 7코로 시작코를 만들고 짧은뜨기로 12단씩 2장을 뜬다.
- 마무리 방법을 참조해서 각 부분을 지정한 위치에 연결한다.

옆면 (무늬뜨기) ※도안 참조
20(29단)
56(72코)
※1단은 (48코) 줍고 2단에서 (72코)로 코늘림

가죽 바닥판
구멍(48개)

※전부 7/0호 바늘로 뜬다

손잡이 연결고리
2장

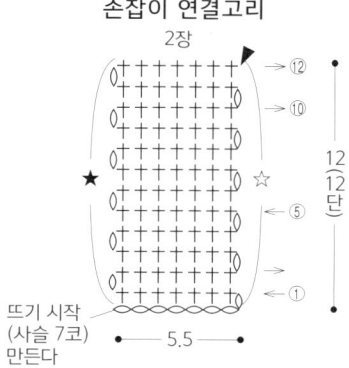

12(12단)
5.5
뜨기 시작 (사슬 7코) 만든다

마무리 방법

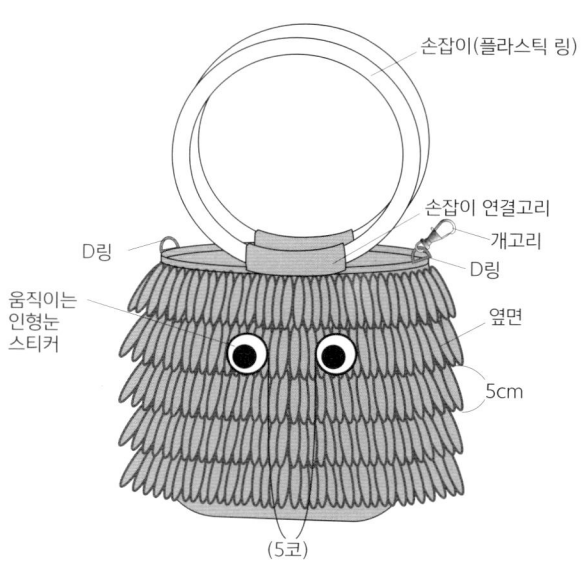

손잡이(플라스틱 링)
손잡이 연결고리
개고리
D링
움직이는 인형눈 스티커
옆면
5cm
(5코)

① 손잡이 연결고리의 ★쪽을 28단의 코머리에 감침질하고 손잡이를 끼워 넣은 상태에서 손잡이 연결고리의 ☆쪽을 27단의 안쪽에 꿰매 단다
② 눈(움직이는 인형눈 스티커)은 22단의 링뜨기 위에 균형 있게 붙인다
③ D링은 옆면의 지정한 위치 두 군데에 꿰매 다는데, 한쪽 D링은 개고리를 끼워 넣은 후에 단다

95

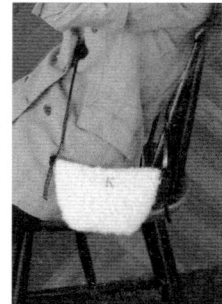

№.24 Bateau
see : p.41

바토

재료와 도구
다루마 루프 에크루(1) 65g, 퍼피 리피 에크루(761) 25g, 바닥판 (10cm×10cm) 1장, D링(18mm, 골드) 2개, 지퍼(20cm, 그레이) 1개, 가죽끈(폭 10mm, 검정) 150cm, 이니셜 핀 1개, 코바늘 5/0호

완성 치수
폭 22cm 높이 12cm

게이지
10cm×10cm 짧은뜨기 15코×16단

뜨는 방법 포인트
실은 전부 다루마 루프와 퍼피 리피 1가닥씩, 2가닥으로 뜬다.
- 바닥은 2장을 뜬다. 사슬 5코로 시작코를 만들어 뜨기 시작해서 도안을 참조하여 콧수를 늘려가며 짧은뜨기로 7단을 뜬다(바닥 뜨는 방법 참조).
- 옆면은 짧은뜨기의 안쪽을 겉쪽으로 사용한다. 바닥판을 바닥 2장 사이에 끼워 넣어 겹친 뒤 코를 주워서 콧수를 늘려가며 짧은뜨기로 20단을 뜬다.
- 지퍼는 옆면 안쪽의 지정한 위치에 꿰매 단다.
- D링을 지정한 위치에 달고 가죽끈을 양끝에 끼워 넣어서 각각 묶는다.
- 이니셜 핀은 옆면에 균형 있게 단다.

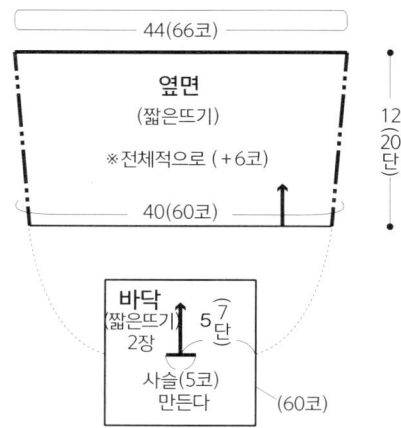

마무리 방법

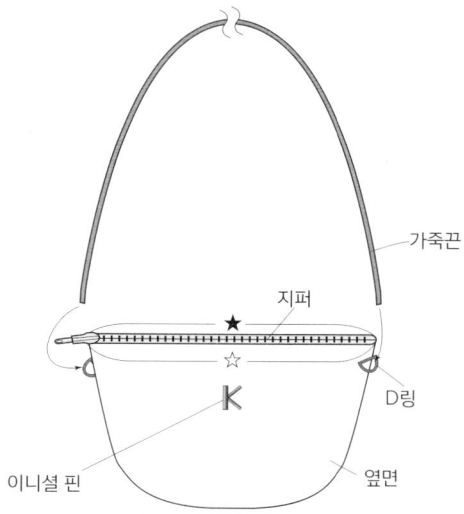

① 지퍼는 본체 안쪽의 ☆과 ★ 위치에 꿰매 단다(47쪽 참조)
② D링은 옆면 바깥쪽의 지정한 위치에 꿰매 단다
③ 끈의 양끝은 D링에 끼워 넣고 D링에 묶어서 사용한다
④ 이니셜 핀을 옆면에 균형 있게 단다

옆면

옆면 콧수표

단	콧수
20단	66코
19단	66코
18단	66코
17단	66코 (+1코)
16단	65코
15단	65코
14단	65코 (+1코)
13단	64코
12단	64코
11단	64코 (+1코)
10단	63코
9단	63코
8단	63코 (+1코)
7단	62코
6단	62코
5단	62코 (+1코)
4단	61코
3단	61코
2단	61코 (+1코)
1단	60코

D링 다는 위치(바깥쪽)
지퍼 다는 위치 ☆
★ 지퍼 다는 위치

안쪽이 가방 겉쪽이 되게 뜬다

▲ = 실을 자른다

바닥

뜨기 시작 (사슬 5코) 만든다

바닥 콧수표

단	콧수
7단	60코 (+8코)
6단	52코 (+8코)
5단	44코 (+8코)
4단	36코 (+8코)
3단	28코 (+8코)
2단	20코 (+8코)
1단	12코

바닥 뜨는 방법

① 바닥은 7단까지 2장을 뜬다
② 바닥 2장을 안쪽끼리 마주 보게 겹쳐놓고 바닥면을 기준 다음 2장의 코를 함께 주워 옆면이 1단을 뜬다(43쪽 참조)

Basic Technique Guide 뜨개의 기초

코바늘뜨기

● 사슬뜨기

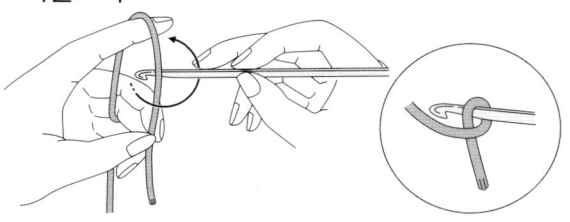 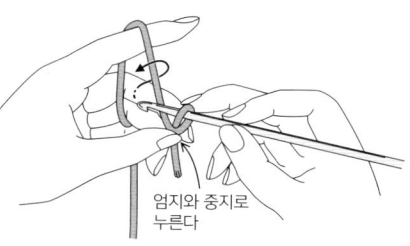 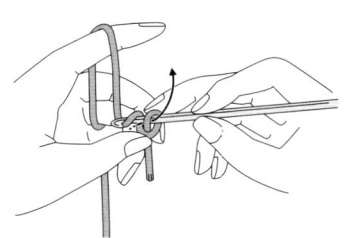

1 바늘을 실 뒤쪽에 대고 화살표 방향으로 돌려서 바늘에 실을 감습니다.

2 실이 교차된 부분을 엄지와 중지로 눌러서 고리를 만들고 실을 바늘 끝에 겁니다.

3 바늘에 건 실을 고리 속으로 빼냅니다.

 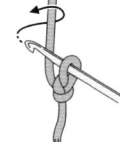 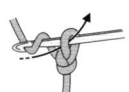 

4 실끝을 꽉 조이자 첫 번째 사슬코가 완성되었습니다. 이 코는 1코로 세지 않습니다.

5 화살표 방향으로 실을 겁니다.

6 바늘에 걸린 고리 속으로 실을 빼냅니다.

7 사슬 1코가 완성되었습니다. 5, 6을 반복해서 필요한 콧수만큼 사슬을 뜹니다.

● 사슬뜨기로 시작코 만들기와 코 줍는 방법

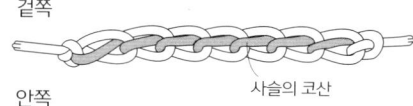

겉쪽 / 안쪽 / 사슬의 코산

사슬에는 겉쪽과 안쪽이 있습니다.

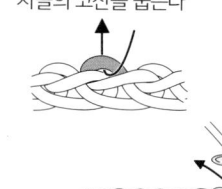 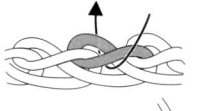 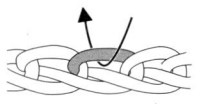
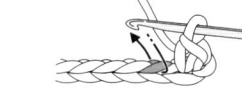 

사슬의 코산을 줍는다 / 사슬의 반코와 사슬 코산을 줍는다 / 사슬의 반코를 줍는다

일반적인 사슬의 코산을 줍는 방법으로 사슬의 겉쪽이 남아 깔끔해 보입니다. 지시가 없는 경우에는 이 방법으로 코를 줍습니다.

실 2가닥을 주우므로 튼튼하고 안정감이 있습니다. 성긴 무늬나 가는 실로 뜰 때 사용합니다.

잘 늘어나서 불안정한 방법이지만 시작코에 신축성이 있어야 할 때나 시작코 양쪽에서 코를 주워야 할 때 사용합니다.

● 사슬뜨기 시작코를 원형으로 만든다

1 필요한 콧수만큼 사슬뜨기를 합니다.

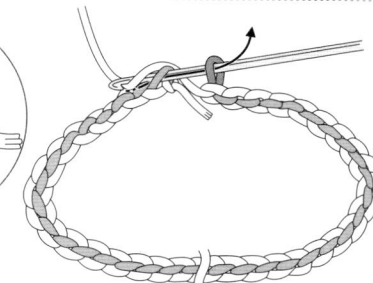

2 사슬이 꼬이지 않게 합니다. 사슬 첫 코의 코산에 바늘을 넣어 실을 빼서 사슬을 원형으로 만듭니다.

● 원형뜨기 시작코

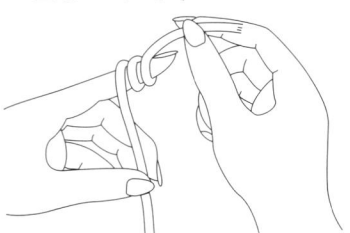  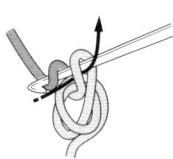 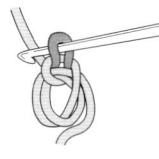
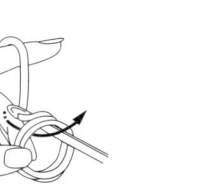

1 검지에 실끝을 두 번 감습니다.

2 감은 실이 흐트러지지 않게 교차점을 누릅니다. 고리 안에 바늘을 넣어 실을 빼냅니다.

3 다시 실을 걸어서 빼냅니다.

4 원형 시작코에 시작부분의 실이 생겼습니다. 이 코는 1코로 세지 않습니다.

● 빼뜨기

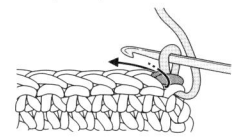 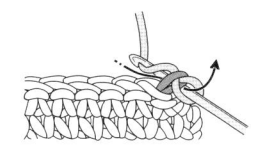 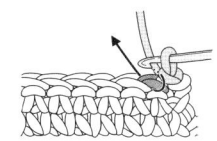 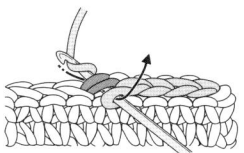

1 아랫단의 뜨개코 머리에 바늘을 넣습니다.
2 실을 걸어서 화살표 방향으로 빼냅니다.
3 옆 코에 바늘을 넣어 실을 빼냅니다.
4 3을 반복합니다.

✚ 짧은뜨기

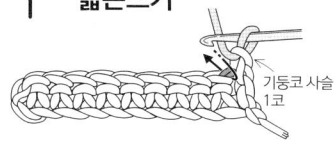 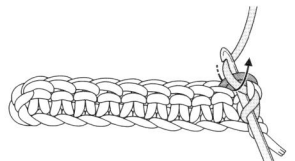 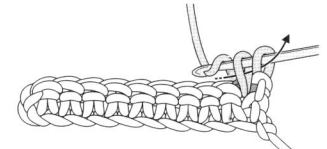 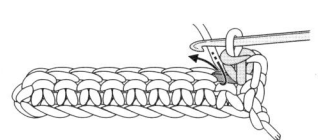

1 아랫단의 뜨개코 머리에 바늘을 넣습니다.
2 실을 바늘에 걸어서 빼냅니다.
3 실을 바늘 끝에 걸고 바늘에 걸려 있는 고리 2개를 한 번에 빼냅니다.
4 짧은뜨기 완성. 1~3을 반복합니다.

┬ 긴뜨기

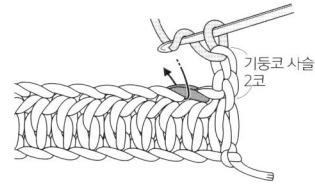 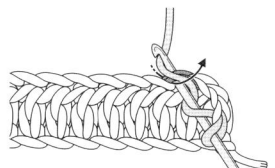 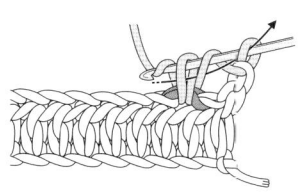 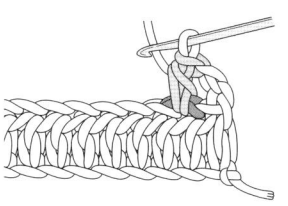

1 실을 바늘에 걸어 아랫단의 뜨개코 머리에 바늘을 넣습니다.
2 실을 바늘에 걸어서 빼냅니다.
3 실을 바늘 끝에 걸고 바늘에 걸려 있는 고리 3개를 한 번에 빼냅니다.
4 긴뜨기 완성. 1~3을 반복합니다.

╪ 한길긴뜨기

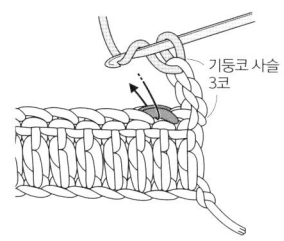 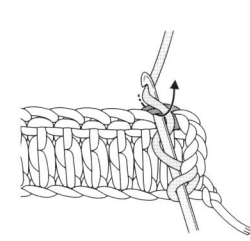 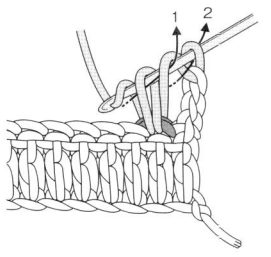 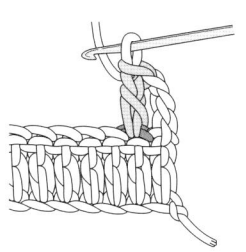

1 실을 바늘에 걸어 아랫단의 뜨개코 머리에 바늘을 넣습니다.
2 실을 바늘에 걸어서 빼냅니다.
3 실을 바늘 끝에 걸고 바늘에 걸려 있는 고리를 2개씩 화살표 순서대로 빼냅니다.
4 한길긴뜨기 완성. 1~3을 반복합니다.

⋀ 짧은뜨기 2코모아뜨기

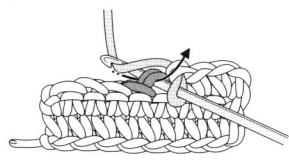 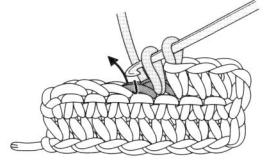 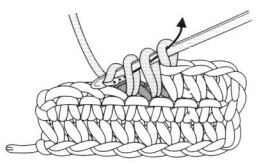 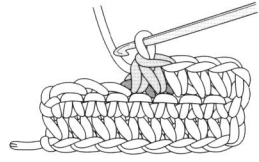

1 아랫단의 뜨개코에 바늘을 넣고 실을 빼냅니다(미완성 짧은뜨기).
2 아랫단의 옆 코에 바늘을 넣고 실을 걸어 빼냅니다(미완성 짧은뜨기).
3 실을 바늘에 걸고 바늘에 걸려 있는 고리 3개를 한 번에 빼냅니다.
4 짧은뜨기 2코모아뜨기 완성.

Basic Technique Guide

한길긴뜨기 2코모아뜨기

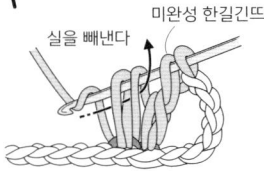

1 미완성 한길긴뜨기 1코를 뜨고 실을 바늘에 걸어 옆 코에도 미완성 한길긴뜨기를 뜹니다.

2 실을 바늘에 걸고 바늘에 걸려 있는 고리 3개를 한 번에 빼냅니다.

3 한길긴뜨기 2코모아뜨기 완성.

짧은뜨기 2코늘려뜨기

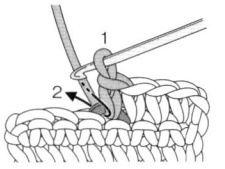
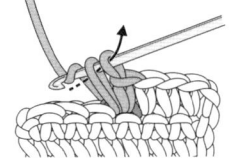
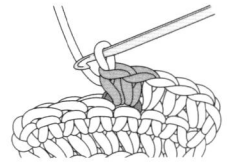

1 아랫단의 뜨개코에 짧은뜨기 1코를 뜨고 다시 같은 코에 바늘을 넣습니다.

2 실을 걸어 빼내고 짧은뜨기를 뜹니다.

3 아랫단의 1코에 짧은뜨기 2코를 넣어 뜬 모습.

짧은뜨기 3코늘려뜨기

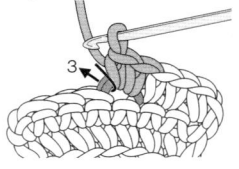
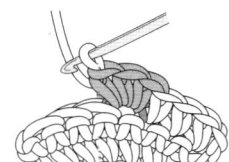

1 아랫단의 뜨개코에 짧은뜨기 2코를 뜨고 다시 같은 코에 바늘을 넣습니다.

2 실을 걸어 빼내고 짧은뜨기를 뜹니다. 아랫단의 1코에 짧은뜨기 3코를 넣어 뜬 모습.

짧은뜨기 이랑뜨기(왕복뜨기할 경우)

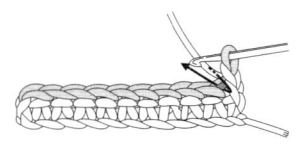
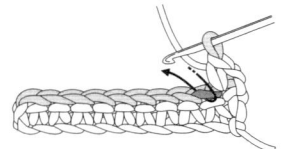
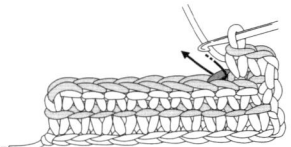
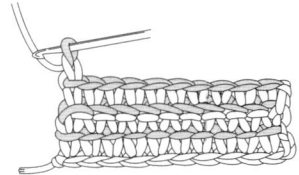

1 안쪽에서 뜨는 단에서는 아랫단 뜨개코 머리의 앞쪽 반코를 주워 짧은뜨기를 뜹니다.

2 다음 코도 코머리 앞쪽 반코를 주워서 짧은뜨기합니다.

3 겉쪽에서 뜨는 단에서는 아랫단 뜨개코 머리의 뒤쪽 반코를 주워 짧은뜨기를 뜹니다.

4 겉쪽에서 봤을 때 각 단의 이랑이 겉으로 드러납니다.

스레드코드

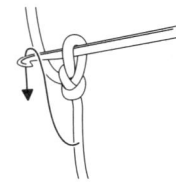
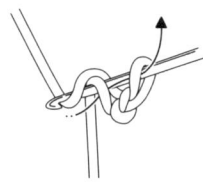
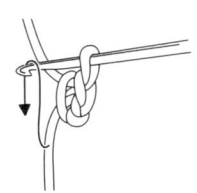
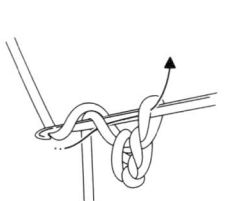

1 실끝은 뜨고 싶은 길이의 3배를 남기고 1코를 만들어 실끝을 바늘의 앞쪽에서 뒤쪽으로 겁니다.

2 실을 걸어서 바늘에 건 실끝과 고리 1개를 빼냅니다.

3 실끝을 바늘의 앞쪽에서 뒤쪽으로 겁니다.

4 바늘에 건 실끝과 고리 1개를 빼냅니다.

5 3~4를 반복합니다. 마지막은 사슬코를 빼냅니다.

짧은뜨기 앞걸어뜨기(2단 아래쪽 코를 끌어올리는 경우)

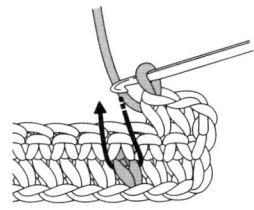 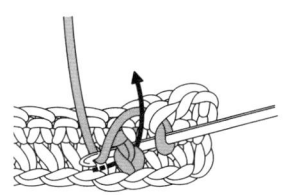 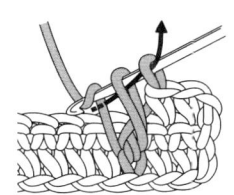 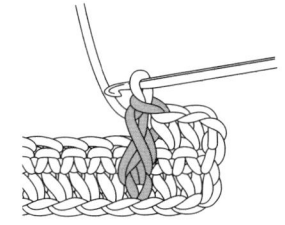

1. 2단 아래쪽 짧은뜨기 코의 다리 전체를 주워서 앞쪽에서 바늘을 넣습니다.
2. 실을 바늘에 걸고 화살표 방향으로 실을 길게 빼냅니다.
3. 실을 바늘에 걸고 바늘에 걸린 고리 2개를 뺍니다.
4. 짧은뜨기 앞걸어뜨기 완성.

한길긴뜨기 5코구슬뜨기(아랫단의 사슬을 한꺼번에 감싸서 뜨기)

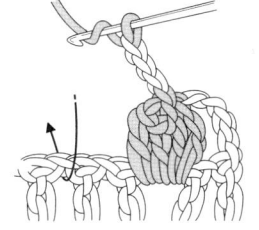 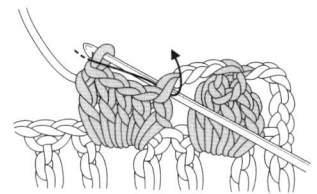 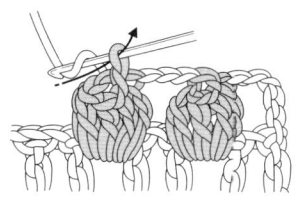 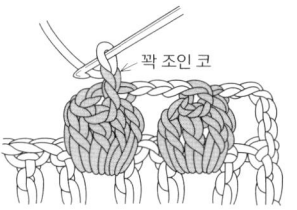

1. 아랫단의 사슬 아래 공간에 바늘을 넣고 사슬을 한꺼번에 감싸서 한길긴뜨기 5코를 넣어 뜹니다.
2. 바늘을 일단 빼서 첫 번째 한길긴뜨기의 코머리에 앞쪽에서 바늘을 넣고, 빼놓은 코를 걸어서 화살표 방향으로 빼냅니다.
3. 빼낸 코가 풀어지지 않도록 사슬 1코를 떠서 꼭 조입니다.
4. 한길긴뜨기 5코구슬뜨기 완성.

한길긴뜨기 5코구슬뜨기

아랫단 1코에 한길긴뜨기 5코를 넣어 뜹니다. 그다음은 사슬을 한꺼번에 감싸서 뜨는 구슬뜨기와 같습니다.

● 감침질로 잇기

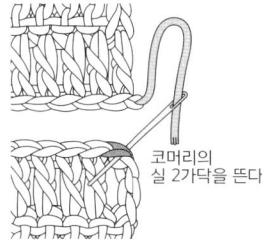 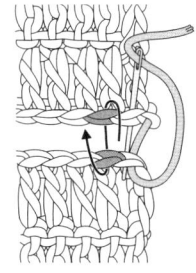 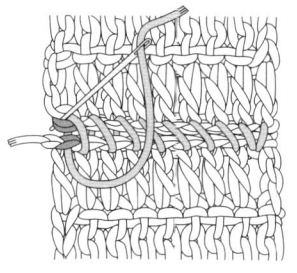

1. 뜨개바탕의 겉쪽을 맞대고 마지막 단의 코머리에 돗바늘을 넣습니다.
2. 뜨개바탕 두 장에 돗바늘을 번갈아 넣어서 실을 당깁니다.
3. 실이 겉쪽에 걸쳐지므로 실을 일정하게 당기도록 합니다.

Basic Technique Guide

● 감침질로 꿰매기

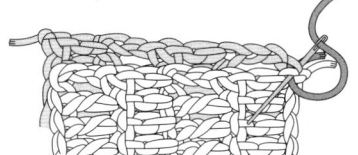 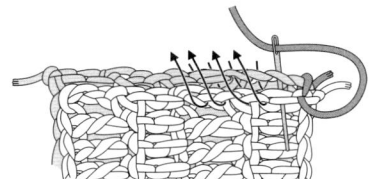 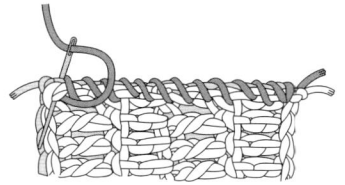

1 뜨개바탕 두 장을 겉쪽끼리 마주 보게 놓고 시작코의 사슬에 돗바늘을 넣습니다.

2 늘 같은 방향에서 가장자리의 코를 가르듯이 바늘을 넣고 실로 감아 고정시키도록 합니다.

3 끝부분은 바늘을 같은 자리에 한두 번 통과시켜서 고정하고 뜨개바탕의 안쪽에서 실을 처리합니다.

● 빼뜨기로 연결하기

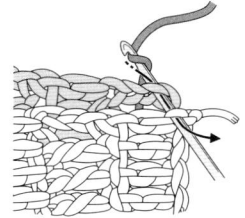 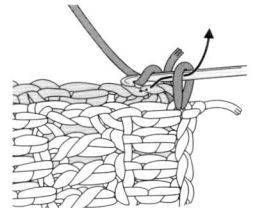 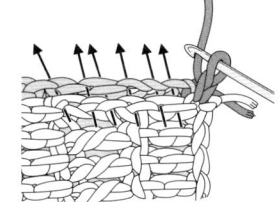 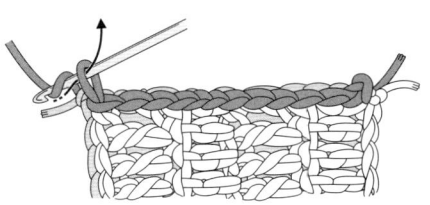

1 뜨개바탕을 겉쪽끼리 마주 보게 놓고 코바늘을 두 장에 같이 넣어 실을 걸어서 빼냅니다.

2 실을 걸어서 빼냅니다.

3 가장자리의 코를 가르듯이 바늘을 넣어서 실을 빼냅니다. 화살표 위치에 코바늘을 넣습니다.

4 뜨개바탕의 뜨개코에 맞추서 울거나 느슨해지지 않도록 실을 빼냅니다.

대바늘뜨기

● 사슬뜨기 시작코에서 코를 줍는 방법 (p. 98을 참조하여 사슬뜨기를 뜹니다)

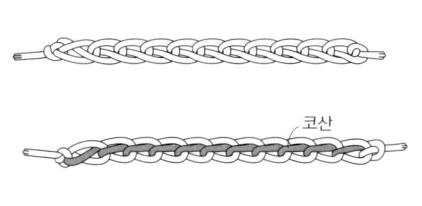 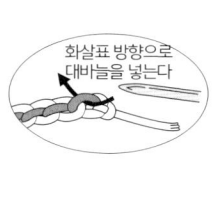 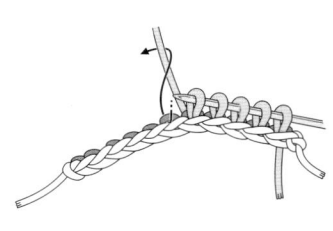

1 사슬뜨기에는 겉쪽과 안쪽이 있습니다. 사슬의 코산을 확인하세요.

2 사슬을 다 뜬 쪽의 코산에 바늘 끝을 넣어 뜨개실을 빼냅니다. 같은 실을 사용할 경우에는 실을 자르지 않고 그대로 대바늘로 바꿔 코산에서 코를 줍습니다.

3 사슬코 코산에서 1코에 1코씩 코를 빼냅니다. 바늘에 걸린 코가 1단이 됩니다.

│ 겉뜨기

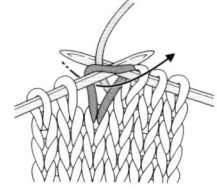 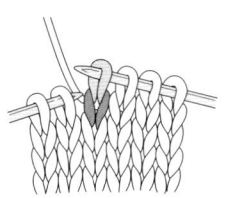

1 뜨개실을 왼쪽 바늘 뒤쪽에 두고 코 앞쪽에서 오른쪽 바늘을 넣은 후 실을 걸어서 빼냅니다.

2 겉뜨기 완성.

─ 안뜨기

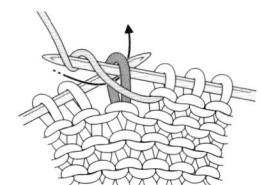 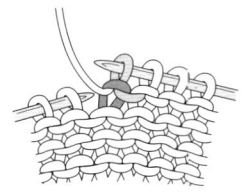

1 뜨개실을 왼쪽 바늘 앞쪽에 두고 코 뒤쪽에서 오른쪽 바늘을 넣은 후 실을 걸어서 빼냅니다.

2 안뜨기 완성.

● 덮어씌워 코막음(오른쪽, 겉뜨기)

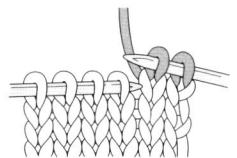 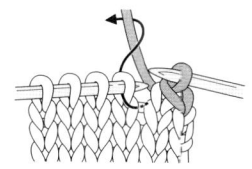

1 가장자리의 2코를 겉뜨기로 뜹니다. **2** 첫 번째 코를 두 번째 코에 덮어씌웁니다. **3** 다음 겉뜨기를 뜨고 나면 먼저 뜬 코를 덮어씌웁니다. 이 과정을 반복합니다.

● 빼뜨기로 코막음

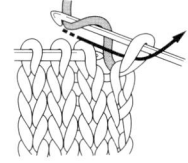 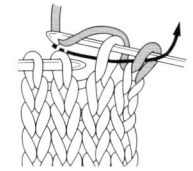 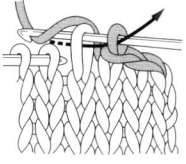 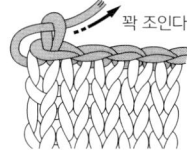

1 가장자리의 1코에 코바늘을 넣고 실을 걸어서 빼냅니다. **2** 다음 코에 코바늘을 넣고 실을 걸어서 바늘에 걸린 2코를 한 번에 빼냅니다. **3** 2를 반복합니다. **4** 마지막 코에 실끝을 끼워 넣어서 꽉 조입니다.

오른코 위 2코교차뜨기

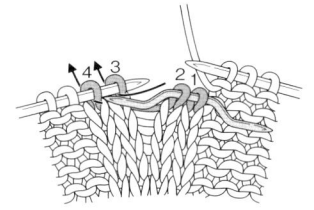 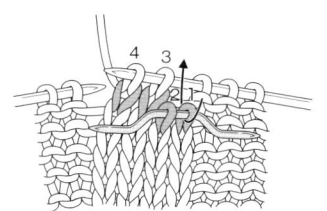 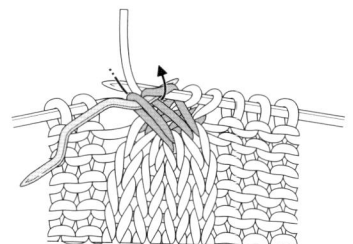 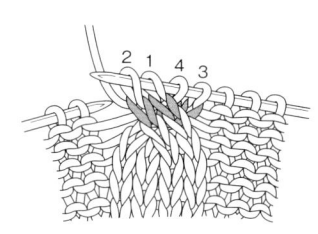

1 오른쪽 2코는 다른 바늘에 옮겨서 앞쪽에 두고 3, 4의 코를 겉뜨기합니다. **2** 앞쪽에 둔 1의 코에 바늘을 넣어 겉뜨기합니다. **3** 2의 코도 겉뜨기합니다. **4** 오른코 위 2코 교차뜨기 완성.

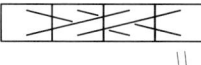 왼코 위 2코교차뜨기

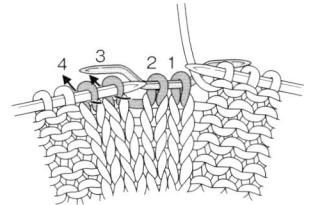 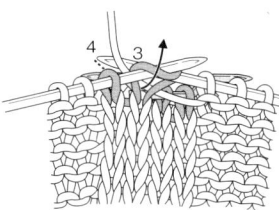 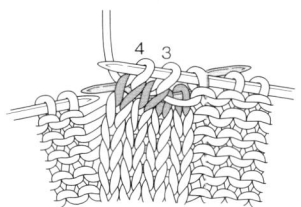

1 오른쪽 2코는 다른 바늘에 옮겨서 뒤쪽에 둡니다. **2** 3의 코를 겉뜨기합니다. **3** 4의 코도 같은 방법으로 겉뜨기한 모습입니다.

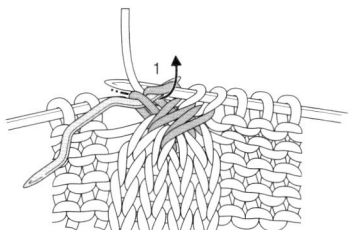 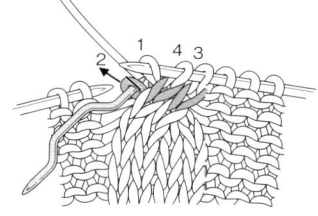 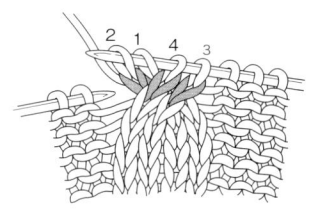

4 1의 코를 겉뜨기합니다. **5** 2의 코도 같은 방법으로 겉뜨기합니다. **6** 왼코 위 2코교차뜨기 완성.

Staff

북디자인	미카미 쇼코(Vaa)
촬영	스도 게이이치 / 시라이 유카리(p.42-48)
스타일링	사이토 미에
헤어&메이크업	가와무라 도모코
모델	리카 바네사
사진 보정	시바타 스미에
작품 디자인, 제작	구스노키 가에
제작 감수	아베 미나코
제작 협력	비욘드 더 리프 공식 손뜨개 및 소잉 작가 일동
만드는 방법, 도안	나카무라 요코(feve et feve)
편집 협력	난바 마리, 요시에 마미, 다카야마 게이나
편집 담당	다니야마 아키코 / 소가 게이코

BEYOND THE REEF TO AMUBAG (NV 70644) by BEYOND THE REEF
Photographers: Keiichi Sutou, Yukari Shirai
Copyright © BEYOND THE REEF /NIHON VOGUE-SHA, 2021
All rights reserved.
Original Japanese edition published by NIHON VOGUE Corp.
Korean translation copyright © 2022 by JIGEUMICHAEK
This Korean edition published by arrangement with NIHON VOGUE Corp., Tokyo, through HonnoKizuna, Inc., Tokyo, and BC Agency

이 책의 한국어판 저작권은 BC에이전시를 통해 저작권자와 독점 계약을 맺은 지금이책에 있습니다. 저작권법에 의해 한국 내에서 보호를 받는 저작물이므로 무단전재와 복제를 금합니다.

소재 제공

주식회사 다이도 포워드 퍼피 사업부
일본 도쿄도 지요다구 소토칸다 3-1-16
다이도 리미티드 빌딩 3F
TEL 81) 03-3257-7135
http://www.puppyarn.com

메르헨아트 주식회사
일본 도쿄도 스미다구 요코아미 2-10-9
TEL 81) 03-3623-3760
https://www.marchen-art.co.jp

요코타 주식회사(다루마)
일본 오사카시 주오구 미나미큐호지 2-5-14
TEL 81) 06-6251-2183
http://www.daruma-ito.co.jp

하마나카 주식회사
일본 교토시 우쿄구 하나조노야부노시타초 2번지 3
TEL 81) 075-463-5151
http://www.hamanaka.co.jp

주식회사 모토히로(스키얀)
일본 도쿄도 주오구 니혼바시하마초 2-38-9
TEL 81) 03-3663-2151
http://www.skiyarn.com

주식회사 쓰노다쇼텐
일본 도쿄도 다이토구 도리고에 2-14-10
TEL 81) 03-3863-6615
http://www.tsunodaweb.shop

이니셜 핀(Lark&Ives)
https://www.papertree.jp

비욘드 더 리프 아틀리에
일본 요코하마시 고호쿠구 히요시혼초 1-24-8-A
영업시간 11:00~17:30(월, 화 정기휴무)
E-mail atelier@beyondthereef.jp
http://beyondthereef.jp

뜨개질하는 즐거움, 들고 다니는 기쁨
비욘드 더 리프 스타일 손뜨개 가방

초판 1쇄 인쇄 2022년 5월 25일
초판 1쇄 발행 2022년 5월 30일

지은이	비욘드 더 리프
옮긴이	김한나
감 수	정혜진
펴낸이	최정이
펴낸곳	지금이책
주소	경기도 고양시 일산서구 킨텍스로 410
전화	070-8229-3755
팩스	0303-3130-3753
이메일	now_book@naver.com
블로그	blog.naver.com/now_book
인스타그램	nowbooks_pub
등록	제2015-000174호
ISBN	979-11-88554-59-1 (13590)

* 이 책은 저작권법에 따라 보호를 받는 저작물이므로 무단전재와 무단복제를 금지하며, 이 책 내용의 전부 또는 일부를 이용하려면 반드시 저작권자와 지금이책의 서면 동의를 받아야 합니다.
* 잘못되거나 파손된 책은 구입하신 서점에서 교환해드립니다.
* 책값은 뒤표지에 있습니다.